Walter Schmithals

Weihnachten

Seine Bedeutung
für das ganze Jahr

W0046221

Vandenhoeck & Ruprecht

Bibliografische Information der Deutschen Bibliothek

Die Deutsche Bibliothek verzeichnet diese Publikation in der
Deutschen Nationalbibliografie; detaillierte bibliografische Daten sind
im Internet über <http://dnb.ddb.de> abrufbar.

ISBN10: 3-525-63372-6
ISBN13: 978-3-525-63372-4

Umschlagabbildung:
Mariä Verkündigung, Heinrich Campendonk
©VG Bild-Kunst, Bonn 2006

Satz: weckner media+print GmbH, Göttingen
Druck und Bindung: Hubert & Co., Göttingen

Gedruckt auf alterungsbeständigem Papier.

Vorwort

Die vorliegenden Texte gehen auf Ansprachen zurück, die in der weihnachtlichen Zeit vor einem Kreis interessierter, aber nicht immer im christlichen Glauben verwurzelter Menschen gehalten wurden. Sie beziehen sich auf die wichtigsten Themen und Überlieferungen, die der christlichen Gemeinde vom Beginn des Kirchenjahres an bis zum Jahreswechsel, vor allem also am Weihnachtsfest selbst, lieb, wert und teuer sind. Sie dienen aber weniger der Erbauung als vielmehr der Information. In ihnen begegnet die christliche Botschaft dieser Tage deshalb in Verbindung mit wissenschaftlich begründeter Auskunft und aktueller theologischer Reflexion.

Der erste Beitrag verweist auf die adventliche Bußzeit, die der weihnachtlichen Freudenzeit vorausgeht und mit einer starken Wurzel im apokalyptischen Denken des frühen Christentums verankert ist. Und auch der zweite Beitrag bleibt in der vorweihnachtlichen Zeit, wo er sich den Verheißungsworten des Alten Testaments zuwendet und darlegt, welches Recht die christliche Gemeinde hat, wenn sie in Anknüpfung und Widerspruch ihre Botschaft als Erfüllung solcher Worte verstehen lehrt.

Die folgenden Kapitel wenden sich den biblischen Weihnachtsgeschichten zu, zuerst der bekanntesten, die uns das Lukasevangelium überliefert und die uns in den Stall von Bethlehem und vor das Kind in der Krippe führt. Sodann der weihnachtlichen Erzählung des Matthäusevangeliums, in deren Mittelpunkt neben dem Kind die Magier aus dem Morgenland und der König Herodes stehen. Das späte Johannesevangelium schließlich *erzählt* die Weihnachtsgeschichte nicht mehr, sondern deutet sie mit Hilfe eines frühchristlichen Hymnus, der in einzigartiger Weise die dichterische und die theologische Kraft bezeugt, die in der Frühzeit des Christentums lebendig waren.

Die ersten reformatorischen Weihnachtslieder hat Martin Luther geschrieben. Am bekanntesten wurde sein ‚Kinderlied auf die Weihnacht Christi', ein theologisch hoch reflektiertes und poetisch kunstvoll gestaltetes Lied, das, wie der nächste Beitrag zeigt, nicht nur gesungen, sondern im Hause Luthers und in anderen Häusern auch gespielt werden sollte. Wie Luther zuerst, so hat zuletzt Jochen Klepper unseren Schatz an Weihnachtsliedern eindrucksvoll bereichert. Eines dieser Lieder, das irrtümlich als Adventslied in unsere Gesangbücher aufgenommen wurde und im Anschluss an Luthers Kinderlied betrachtet wird, erhellt den Trost, den Klepper in böser Zeit und in seiner bedrückenden Lage aus der weihnachtlichen Botschaft empfing.

Zur Weihnachtszeit gehört auch der Jahresanfang, der früher nicht selten auf das Weihnachtsfest selbst gelegt wurde. Darum wenden sich die beiden abschließenden Beiträge der *Zeit* zu, ihrer Rätselhaftigkeit ebenso wie ihrer Selbstverständlichkeit, ferner den Jahren, mit denen wir die Zeit ‚nach Christi Geburt' zählen, und schließlich vor allem der gelebten Zeit, die als solche nicht messbar, wohl aber die einzige Zeit ist, die uns gehört. Darum begegnet im letzten Beitrag der im eigentlichen Sinn ‚erbauliche' Ton der Predigt.

Walter Schmithals

Inhalt

Adventszeit –
Bußzeit – Apokalyptik

Mit Ernst, o Menschenkinder,
das Herz in euch bestellt

Die Adventszeit ist in alter Tradition insoweit Vorbereitungszeit auf das Weihnachtsfest, als sie Bußzeit ist. Sie sollte also eine Zeit der Einkehr und der Stille sein, während man heute eher an den Festtagen Buße für den voraufgegangenen Trubel und die geschäftige Hektik tun muss. Eine Bußzeit ist den beiden großen Festen der Christenheit vorgeschaltet, die Passionszeit vor dem Osterfest und die Adventszeit vor dem Weihnachtsfest. Die Adventslieder sind darum nicht selten auf den Ton der Buße gestimmt, und Valentin Thilo aus dem Dichterkreis um Simon Dach, Professor der Beredsamkeit in Königsberg, richtete während des dreißigjährigen Krieges die immer noch sehr lebendiges Aufforderung an seine Leser: „Mit Ernst, o Menschenkinder, das Herz in euch bestellt", und: „Bereitet doch fein tüchtig den Weg dem hohen Gast".

Neben diesen beiden festen Bußzeiten wurden früher, analog zu den Landestrauertagen, von Fall zu Fall von der Landesherrschaft einzelne öffentliche Bußtage ausgerufen, wenn Seuchen, Dürre, Krieg oder Naturkatastrophen das Land heimsuchten, an deren Stelle im 19. Jahrhundert in der Regel zu einem festen Termin ein jährlicher Buß- und Bettag getreten ist, der, wie wir wissen, inzwischen weichen musste, um die Pflegeversicherung zu finanzieren. Über den Sinn oder auch das Unzeitgemäße solcher öffentlichen Bußtage oder der festgelegten Bußzeiten mag man streiten, aber Aufmerksamkeit verdient ein Phänomen, das mit dem Gedanken der Buße eng verknüpft und seit alten Zeiten vor allem mit dem zweiten Sonntag der Adventszeit verbunden ist, nämlich das Phänomen der Apokalyptik, das sich trotz oder auch wegen seiner manchmal Schreck erregenden Bezeichnung für eine vorweihnachtliche Besinnung durchaus eignet.

Vier Texte

Wir nähern uns diesem Thema mit vier kurzen Texten, von denen einer aus dem Alten Testament stammt, ein anderer aus dem Judentum der Zeit zwischen den beiden Testamenten und zwei aus dem Neuen Testament.

„Über euch, Bewohner der Erde, kommt Schrecken und Grube und Netz. Wer entflieht vor dem Geschrei des Schreckens, der fällt in die Grube; und wer entkommt aus der Grube, der wird im Netz gefangen. Denn die Fenster in der Höhe sind aufgetan (wie zur Zeit der Sintflut), und die Grundfesten der Erde beben. Es wird die Erde mit Krachen zerbrechen, zerbersten und zerfallen. Die Erde wird taumeln wie ein Trunkener und wird hin und her geworfen wie eine schwankende Hütte; denn ihre Missetat drückt sie, dass sie fallen muss und nicht wieder aufstehen kann." (Jes 24, 17–20)

„Frage die Schwangere: Weshalb sind deine jüngsten Kinder ihren älteren Geschwistern nicht gleich, sondern weniger kräftig? Sie wird dir antworten: Anders sind die, die in der Blüte der Kraft erzeugt sind, anders die Kinder des Alters, als der Schoß die Kraft verloren hatte. Nun ermiss selber, dass ihr weniger kräftig seid als eure Vorfahren; so werden auch eure Nachkommen weniger kräftig sein als ihr. Denn die Schöpfung ist schon alt und ist über ihre Jugendkraft schon hinaus." (4Esr 5,51–55)

„Höre dies Gleichnis von dem Verwalter, den ein Herr über seine Leute setzte, ihnen zur rechten Zeit ihren Lohn zu geben. Selig ist der Knecht, den sein Herr, wenn er kommt, dies tun sieht ... Er wird ihn über alle seine Güter setzen. Wenn aber jener Knecht bei sich selbst sagt: Mein Herr kommt noch lange nicht, und fängt an, die Knechte und Mägde zu schlagen, auch zu essen und zu trinken und sich voll zu saufen, dann wird der Herr dieses Knechtes kommen an einem Tage, an dem er es nicht erwartet, und zu einer

Stunde, die er nicht kennt, und wird ihn erschlagen lassen ...
Denn wem viel gegeben ist, bei dem wird man viel suchen,
und wem viel anvertraut ist, von dem wird man um so mehr
fordern." (Luk 12,41–48)

„Und ich sah einen neuen Himmel und eine neue Erde;
denn der erste Himmel und die erste Erde sind vergangen,
und das Meer ist nicht mehr ... Und der auf dem Thron saß,
sprach: Siehe, ich mache alles neu." (Offb 21,1.5)

Die Vorstellungswelt der Apokalyptik

Der Begriff ‚Apokalyptik' verbindet sich für uns nicht ohne
Grund mit allerlei Katastrophenszenarien. Die authentischen
apokalyptischen Texte enthalten solche Szenarien dort, wo
sie den Weltuntergang beschreiben: Eine neue Sintflut; ein
kosmisches Erdbeben, das ein Zerbersten der ganzen Erde zur
Folge hat; ein Weltenbrand, der auch Wasser und Erde verzehrt, so dass niemand entrinnt. Wir haben diese von Hause
aus religiösen Vorstellungen längst säkularisiert. Wo die
Menschen der Neuzeit nicht mehr durchschauen, was
geschieht, schleichen sich apokalyptische Ängste ein. In den
sozialen Umwälzungen des vorigen Jahrhunderts glaubte
Karl Marx den Untergang der alten Welt erkennen zu können. Jeder qualitative Sprung der Technik ruft Propheten auf
den Plan, die den Ausstieg und das ‚Zurück' als die einzige
Möglichkeit verkündigen, der totalen Katastrophe zu entge-
hen. War es einst die Dampfmaschine und die Eisenbahn, so
wurden und werden unseren Generationen die Notstandsge-
setze, die atomare Energie, das Ozonloch, die Klimakatastro-
phe, der Verkehrskollaps, die Umweltverschmutzung, die
Gentechnologie und manches andere als Hinweise darauf
vorgestellt, dass die Schöpfung alt geworden ist und die Erde
selbst oder doch ein menschenwürdiges Leben auf ihr zum
Untergang verurteilt sind.

Die klassische Apokalyptik umfasst allerdings mehr als
das, was auf einem solchen Katastrophengemälde abgebildet
wird. Sie ist im Judentum zu Hause, und wir begegnen ihr

seit dem 3. Jh. v.Chr. Wie immer man sich ihre Entstehung denkt, in jedem Fall wurzelt sie in einem fundamentalen Unbehagen an diesem Weltlauf, seinen Ungerechtigkeiten, seinen Sinnlosigkeiten, seinen schlimmen Zuständen. Die antiken apokalyptischen Schriften enthalten in der Regel einen Abriss der Weltgeschichte von Adam bis zur Gegenwart, und sie zeichnen diese Weltgeschichte regelmäßig als eine Geschichte des stetigen Verfalls. Auf das goldene Reich folgt das silberne, auf das silberne das bronzene und auf das bronzene ein Reich aus Eisen und Ton, das keinen Bestand mehr hat (Dan 2,37–45). Der Mensch hat die gute Schöpfung Gottes total verdorben. Dieser Weltlauf ist deshalb voller Mühsal und Qualen, angefüllt mit Gefahren und Nöten. Trauer und Tränen bestimmen ihn; der Tod regiert in ihm. Nicht dies oder das, was in der Welt geschieht, steht unter Gottes Gericht, sondern die Welt selbst ist ersichtlichermaßen dem Gericht verfallen; es gibt darum keine Hoffnung auf Besserung oder Erneuerung. Die Erfahrung lehrt, dass es immer nur schlechter und schlimmer geworden ist, und jeder Blick in die Gegenwart zeigt, dass das Maß des Bösen nun voll ist. Der verdiente Untergang, also die ‚apokalyptische Katastrophe‘, ist unvermeidlich und steht vor der Tür. Die alles vernichtenden ‚apokalyptischen Reiter‘ (Offb 8,15–21) sind im Aufbruch. Der Apokalyptiker hält stets seine eigene Zeit für die Endzeit dieses Weltlaufs. In seiner Gegenwart vollendet sich das Gericht, weil die Geschichte der Welt an ihrem Tief- und Endpunkt angekommen ist.

Diese Einsicht in das, was die Stunde der Weltuhr geschlagen hat, ist für ihn aber zugleich tröstlich. Elend und Qual werden bald ein Ende haben, und er, der Fromme, darf darauf hoffen, Bürger auf einer neuen Erde unter einem neuen Himmel zu sein. Denn die Apokalyptiker sind überzeugt, dass Gott den schuldhaften Niedergang seiner ersten Schöpfung vorausgesehen und darum von Anfang an zwei Welten geschaffen hat. Wenn jetzt diese Erde im Feuer seines Gerichts zu Nichts verbrennt, „wird sich die Welt zum Schweigen der Urzeit wandeln, sieben Tage lang, wie im Uranfang, so dass niemand übrig bleibt. Nach sieben Tagen aber wird die Welt, die jetzt schläft, erwachen, und die Vergänglichkeit selber vergehen." (4Esr 7,30f) Es wird also die neue Schöpfung, der zweite Weltlauf, erscheinen, die im Verborgenen schon bereit liegt, und Gottes Auserwählte werden, durch das Feuer des apokalyptischen Weltbrandes hindurch errettet und geläutert, auf einer neuen Erde leben, in der alle Tränen abgewischt sind und Leid und Tod nicht mehr herrschen. Jetzt aber, da die Weltenwende bevorsteht, ist die Stunde der Entscheidung. Noch ist Zeit zur Buße, letzte Zeit in letzter Stunde. Wer dem Ruf zur Buße folgt und umkehrt, wird im kommenden Gericht bewahrt werden und Bürger der neuen Welt sein.

Das Wesen der Apokalyptik

Stunde der Entscheidung: Darauf zielt alles, was in der Apokalyptik zunächst als Konstruktion und Spekulation vor die Augen tritt. Schauen wir nämlich hinter die Objektivationsschicht der Apokalyptik, so gewahren wir ein bestimmtes Daseinsverständnis, von dem im folgenden einige Züge sichtbar gemacht werden sollen.

Die Apokalyptik denkt *geschichtlich.* Die griechische Vorstellung eines ewigen Kreislaufs, in dem alles immer wieder zum Anfang zurückkehrt, in dem die Geschichte nach jedem Tiefpunkt wieder zum goldenen Zeitalter aufsteigt und in dem nichts Neues unter der Sonne geschehen kann, ist ihr fremd. Dabei dachte schon die frühe Apokalyptik, obschon eine im Judentum erwachsene Strömung, nicht mehr volksgeschichtlich, erst recht nicht in Sippen und Clans, sondern universalgeschichtlich; sie blickte auf die gesamte Schöpfung und auf die Weltgeschichte. Diese Weltgeschichte aber hat im apokalyptischen Verständnis ein *Ziel,* dem sie auf allen Wegen und Irrwegen entgegengeht; alle Geschichtsphilosophie, soweit sie nach einem Endzweck der Geschichte fragt, wurzelt darum in der Apokalyptik.

Indem sie universalgeschichtlich denkt, rückt die Apokalyptik aber zugleich das Individuum vor Augen. Nicht ein bestimmtes Volk wird gerichtet oder gerettet, sondern der einzelne Mensch steht vor der Frage, ob er Leben oder Tod wählt: „Dann werden zwei auf dem Felde sein; der eine wird angenommen, der andere wird verworfen. Zwei Frauen werden mahlen mit der Mühle; die eine wird angenommen, die andere verworfen." (Mt 24,40f) Auf jedem Einzelnen ruht also das Gewicht der geschichtlichen Wahl in der alles entscheidenden letzten Stunde, und diese Stunde der Entscheidung war nicht gestern und kommt nicht morgen, sondern sie ist heute.

Mit dieser Zuspitzung ihrer Botschaft auf den einzelnen Menschen hat die Apokalyptik in einer spezifischen Weise die Geschichtlichkeit des Menschen entdeckt bzw. herausgestellt: Der Mensch ist kein Spielball des Schicksals, sondern seine eigene Möglichkeit. Die *Geschichte* allerdings kann der Mensch nicht beeinflussen, jedenfalls nicht zum Guten, und auch der bevorstehenden Katastrophe kann er keinen Einhalt gebieten. Der Apokalyptik ist jeder Fortschrittsoptimismus fremd, der Geschichtspessimismus aber für sie kennzeichnend, und wenn wir beobachten, dass solcher Pessimismus auch in unseren Tagen weiterhin von Fall zu Fall in apokalyptische Ängste hinein führen kann, so ist verständlich, dass die an sich berechtigte Frage nach dem historischen Ursprung der Apokalyptik nur begrenzten Sinn hat. Man hat diesen Ursprung in religiösen Wurzeln gefunden, in der alttestamentlichen Gerichtsprophetie, in der altisraelischen Weisheitslehre oder im persischen Dualismus des Zarathustra, aber man hat ihn auch in den politischen oder sozialem Umwälzungen der persischen Zeit oder in der hellenistischen Revolution durch Alexander den Großen und die Diadochen gesucht, Ereignisse, die Palästina in starkem Maße beeinflusst haben. Was davon auch immer zutreffen mag: Die Dauerhaftigkeit der apokalyptischen Geschichtsdeutung und der immer neue Ausbruch apokalyptischer Geschichtsängste schließt aus, dass die Apokalyptik ein historisches Zufallsprodukt ist. Wir begegnen in ihr vielmehr einer fundamentalen Erfahrung und insofern einer bestimmten, sowohl in religiöser als auch in säkularer Gestalt begegnenden Auffassung der geschichtlichen Wirklichkeit und des menschlichen Daseins.

Es ist von Interesse, in diesem Zusammenhang einen Blick auf das 19. Jahrhundert zu werfen. Die Aufklärung hatte diesem Jahrhundert ein optimistisches Menschenbild vermittelt, und als in diesem Jahrhundert sich zunächst die Landwirtschaft revolutionierte und dann die Technik sich gewaltig und erfolgreich Bahn brach, gab man sich nach dem Zwischenspiel der Romantik einem kaum gebremsten Fortschrittsoptimismus hin. Von dem steigenden Wohlstand erhoffte man sich auch eine steigende Sittlichkeit, und die liberale Utopie stand der gleichzeitigen sozialistischen in ihrem Glauben an den unaufhaltsamen Aufstieg der Menschheit zu Sonne und Freiheit nicht nach. Man glaubte sich der Goldenen Zeit, dem Ziel der Geschichte nahe. Man erwartete vom zielgerichteten Fortschritt des Weltlaufs den Anbruch des irdischen Gottesreiches als eines Reiches nicht nur des allgemeinen materiellen Wohls, sondern auch verbreiteter Friedfertigkeit und Humanität.

Zugleich aber ist das 19. Jahrhundert die Zeit, in der die neuzeitlichen apokalyptischen Gemeinschaften entstanden. Die Strömungen der Darbysten, der Alt- und Neuapostolischen, der Adventisten, der Zeugen Jehovas usw. haben ihre Wurzeln alle darin, dass ein Mensch auftrat und in prophetischer Vollmacht verkündigte, die letzte Zeit sei angebrochen, das Ende der Geschichte habe sich genaht, das jüngste Gericht stehe bevor und es sei allerhöchste Zeit zur Buße. Der überschäumende Glaube an den geschichtlichen Fortschritt wurde also durch die Überzeugung vom bevorstehenden Untergang der Geschichte konterkariert: Das Ziel der Geschichte ist ihr Ende, der Gipfelpunkt dieses Weltlaufs sein Untergang. Der heilsgeschichtlichen Deutung der Gegenwart trat die unheilsgeschichtliche entgegen, und es scheint so, als habe gerade der optimistische Fortschrittsglaube selbst den Gegenschlag provoziert und das eine extreme Geschichts- und Daseinsverständnis das gegenteilige von neuem erweckt.

In diesem Zusammenhang ist noch einmal auf Karl Marx zu verweisen, dessen ganzes System in wesentlichen Zügen nichts anderes ist als ein Spiegelbild der Apokalyptik, ein Säkularisat dessen, was ihm möglicherweise sein Großvater, ein jüdischer Rabbi, vermittelt hat. Auch Marx schaut auf die Weltgeschichte in ihrer Gesamtheit zurück und interpretiert sie Stufe um Stufe als Produkt eines Sündenfalls, nämlich als zunehmende Entfremdung des Menschen von sich selbst durch die Entwicklung der Produktionsverhältnisse infolge der verhängnisvollen Arbeitsteilung. Jetzt aber ist diese Geschichte an ihrem Tiefpunkt angelangt; schlimmer kann es nicht mehr werden. Deshalb stehen jetzt unvermeidlich der Untergang des alten Weltlaufs und der radikale Umschwung zur neuen Welt bevor. Die Vorgeschichte wandelt sich zur Geschichte. Die vollkommene Gesellschaft bricht an, nämlich „die vollendete Wesenseinheit des Menschen mit der Natur", wie es in den Pariser Manuskripten heißt, die Abschaffung aller Herrschaft, das ungetrübte soziale und private Glück. Die Verbrechen verschwinden, die Arbeit wird zum Spiel, alle Bedürfnisse werden erfüllt. Der Schöpfer dieses neuen Weltlaufs, der Umkehr ohne Buße, des Gottesreiches ohne Gott, ist das Proletariat, als dessen Prophet sich Karl Marx versteht. Diesen plötzlichen Umschwung vom höllischen Elend zum himmlischen Glück, der im religiösen Glauben an Gottes Gericht und Gnade möglich ist, hat man in seiner säkularen Gestalt mit gutem Grund als eine der monströsesten Verirrungen des menschlichen Geistes bezeichnet. Dass diese Verirrungen aber Millionen gebildeter Menschen faszinieren, ihr Bewusstsein deformieren, viele Völker regieren und ein Jahrhundert lang die Welt in Atem halten konnte, zeigt indessen noch einmal, dass sich in der Apokalyptik eine fundamentale Daseinsauffassung ausspricht. Sie wird deshalb auch schwerlich aussterben, wenn es das Proletariat nicht mehr gibt oder weil der oftmals und vielfältig angesagte apokalyptische Weltuntergang ebenso ausbleibt wie das Reich Gottes auf Erden.

Buße

In ihrer ursprünglichen religiösen Gestalt weist die Apokalyptik bei ihrem zentralen Gedanken, dem Umschlag vom

Alten zum Neuen, der Buße die entscheidende Funktion zu: Tut Buße; denn das Gottesreich steht vor der Tür. *Jetzt kommt es darauf an, ein für allemal umzukehren.* Bedenkt man aber in diesem Zusammenhang die erste der 95 Thesen, die von der Buße spricht und die, als Luther sie 1517 in Wittenberg veröffentlichte, die Reformation einleiteten:

„Wenn unser Herr und Meister ... sagt, ‚Tut Buße'..., so will er, dass das ganze Leben ... eine stete Buße sein soll",

so kann man den Abstand eines solchen Urteils, das auf die Geschichte selbst, nicht auf ihr Ende blickt, vom apokalyptischen Denken ermessen.

Dennoch darf man nicht übersehen, dass die Apokalyptik mit ihrer zentralen Botschaft der Buße zum Mutterboden des Christentums gehört, was sich nicht nur daran zeigt, dass die Schriften des Neuen Testaments viele apokalyptische Texte enthalten, sondern auch daran, dass in ihnen auch im übrigen in charakteristischer Weise auf die Sprache der Apokalyptik zurückgegriffen wird. Das damit angesprochene historische Verhältnis des frühen Christentums zu den apokalyptischen Strömungen seiner Zeit ist seit mehr als 200 Jahren der Gegenstand von recht kontroverser Forschung, auf die einzugehen in unserem Zusammenhang zu weit führen würde. Es sei aber daran erinnert, dass in den ersten Jahrzehnten des 20. Jahrhunderts, als in den Schrecken des Ersten Weltkrieges der optimistische Fortschrittsglaube des voraufgegangenen Jahrhunderts zu Grabe getragen wurde, ein verständnisvolles Interesse an der Apokalyptik in weiten Bereichen unseres geistigen Lebens zu Neuorientierungen führte, für die Karl Barths ‚Theologie der Krise' und Oswald Spenglers ‚Untergang des Abendlandes' als Beispiele dienen mögen. Eine einflussreiche Zeitschrift trug den bezeichnenden Titel ‚Zwischen den Zeiten', und es ist bewegend, dem Aufbruch in diese ‚Zwischenzeit' und dem Wechselspiel von Fortschrittsoptimismus und apokalyptischer Resignation und seinen Durchmischungen bis in unsere Tage hinein nachzuspüren.

Wir versagen uns indessen, solche historischen Reminiszenzen zu vertiefen, und achten statt dessen auf einige sachliche Beziehungen zwischen Apokalyptik und christlichem Glauben, und zwar auf solche Beziehungen, die den Weg aus der vorweihnachtlichen Bußzeit, die uns auf die Gedankenwelt der Apokalyptik hingeführt hat, zur weihnachtlichen Botschaft selbst weisen können.

Von dem Apostel Paulus stammt das Wort:

„Ist jemand in Christus, so ist er neue Kreatur; das Alte ist vergangen, Neues ist geworden." (2Kor 5,17)

Das ist in der Sprache der Apokalyptik gesagt. Zwei Zeiten treten einander gegenüber, die alte Weltzeit wird von der neuen abgelöst. Aber an die Stelle des apokalyptischen Dualismus, der in der Endzeit des alten Weltlaufs den bevorstehenden Anbruch des neuen Äons erwartet und in der abgründigen Finsternis der Gegenwart die Hoffnung auf das kommende Licht anzündet, ist eine Dialektik getreten, die erlaubt, sich inmitten der Dunkelheit in das Licht zu stellen, das Neue inmitten der alten Weltzeit zu ergreifen, weihnachtlich gesprochen: das göttliche Kind in Stall und Krippe anzubeten, den Worten entsprechend, mit denen der Apostel fortfährt:

„Als die Sterbenden, und siehe, wir leben; als die Gezüchtigten, und doch nicht ertötet; als die Traurigen, aber allezeit fröhlich; als die Armen, aber die doch viele reich machen; als die nichts haben, aber die doch alles haben." (2Kor 6,9–10)

Das Daseinsverständnis, das sich in solchen Worten ausspricht, hält mit der Apokalyptik daran fest, dass Dunkelheit das Erdreich bedeckt und dass Menschen die Geschichte dieses Weltlaufs nicht zur Heilsgeschichte wenden können. Buße ist geboten, und Heil ist Geschenk, nicht Verdienst, ist Gnade, nicht Leistung, und wo immer der Mensch dies vergisst, wendet er selbst, wie die Geschichte aller Zeiten lehrt, den Lauf dieser Welt in apokalyptisches Unheil. Geblieben ist auch, wie es dem apokalyptischen Denken entspricht, der Blick auf den Einzelnen, der Ruf in die Entscheidung, das Angebot des Glaubens.

Das Zeitverständnis hat sich aber gegenüber der Apokalyptik gewandelt, wagt Paulus doch in dem schon angeführten Zusammenhang zu sagen: „Jetzt ist die Zeit der Gnade; jetzt ist der Tag des Heils." (2Kor 6,2) Das Licht scheint in die Finsternis, und die Kinder Gottes sind Kinder nicht der Finsternis, sondern des Lichts, Kinder des Tages, nicht der Nacht. Darum stimmt Blaise Pascal eine christliche Klage an, wenn er der apokalyptischen Flucht aus der Gegenwart absagt und schreibt:

„Torheit, in den Zeiten umherzuirren, die nicht unsere sind, und die einzige zu vergessen, die uns gehört …, weil es die Gegenwart ist, die uns gewöhnlich verletzt … So leben wir nie, sondern hoffen zu leben, und so ist es unvermeidlich, dass wir in der Bereitschaft, glücklich zu sein, es niemals sind." (Pensées, 172)

Verhält es sich so, ist Buße zu jeder Zeit zeitgemäß, in jedem Dasein daseinsgemäß, ein Stück Menschlichkeit des Menschen. Buße tun heißt, zur Quelle des Lebens umzukehren, zu leben, statt nur leben zu wollen.

Indessen wird es Ostern nicht ohne die Passion, der Mut ist nichts ohne die Demut und nur im Nein ist das Ja beschlossen gemäß dem, was Luther in einer Predigt mit den Worten formuliert hat:

„Wenn Gott lebendig macht, tut er das durch Töten; wenn er gerecht macht, tut er das, indem er zu Schuldigen macht; wenn er in den Himmel bringt, tut er das, indem er in die Hölle führt."

Darum kommt auch das Weihnachtsfest nur, wenn wir zuvor die Adventszeit durchschreiten und Buße tun.

Weissagung und Erfüllung

Was der alten Väter Schar
höchster Wunsch und Sehnen war ...

Eine unauslöschliche Kindheitserinnerung rückt ein großes, an einigen Stellen schon repariertes weihnachtliches Transparent vor meine Augen, das vor der Kerze, die hinter ihm angezündet worden war, die bekannte Weihnachtsgeschichte aufleuchten ließ, das mich aber besonders deshalb faszinierte, weil darüber in großen Buchstaben ein Spruch aus dem Buch des Propheten Jesaia stand: „Und er heißt Wunderbar, Rat, Kraft, Held, Ewig-Vater, Friedefürst." Dementsprechend wird, wer den Gottesdienst am Heiligen Abend besucht, bevor die Weihnachtsgeschichte des Lukasevangeliums verlesen wird, regelmäßig eine Reihe vertrauter Sätze aus dem Alten Testament hören, die der Liturg mit einer sich gleichmäßig wiederholenden Formel einzuleiten pflegt: ,Wir hören Worte der Weissagung' oder ,Worte der Verheißung' oder ,Worte des Propheten'. Dann folgt z.B. jener Spruch, der auf dem Transparent aus meiner Kindheit stand, oder andere prophetische Worte wie: „Das Volk, das im Finstern wandelt, sieht ein großes Licht, und über denen, die da wohnen im finstern Lande, scheint es hell... Denn uns ist ein Kind geboren, ein Sohn ist uns gegeben, und die Herrschaft ruht auf seiner Schulter..." (Jes 9,1.5). Das weihnachtliche Geschehen gilt als Erfüllung alttestamentlicher Ansagen. Nicht anders steht z.B. auch die Passionsgeschichte der Evangelien in vielen Einzelheiten unter dem Vorzeichen des Schemas von Weissagung und Erfüllung, das der schlesische Dichter Heinrich Held 1658 in den Vers fasste:

> „Was der alten Väter Schar
> höchster Wunsch und Sehnen war

und was sie geprophezeit,
ist erfüllt in Herrlichkeit."

Schon Paulus kann der Gemeinde in Korinth eine urchristliche Bekenntnisformel übermitteln, von der er sagt, dass auch er sie bereits aus der Tradition empfangen habe, nämlich

„dass Christus gestorben ist für unsere Sünden nach der Schrift ...
und dass er auferstanden ist am dritten Tage nach der Schrift" (1Kor 15,3f).

Schon im Urchristentum begegnet also das Phänomen und damit auch das Problem von ‚Weissagung und Erfüllung‘, ein anscheinend einfaches Schema, das sich freilich bei näherem Zusehen als sehr komplex enthüllt.

Weissagungsbeweis

Als vor rund 300 Jahren in der Zeit der Aufklärung im Abendland der selbstverständliche Wahrheitsanspruch des Christentums ins Wanken geriet, versuchten nicht wenige Theologen, diesen Wahrheitsanspruch durch einen *Weissagungsbeweis* abzusichern. Sie stellten, wie es schon im Urchristentum geschah, die alttestamentlichen Ansagen bzw. Weissagungen und Verheißungen neben die ihnen entsprechenden neutestamentlichen Aussagen oder Erzählungen, die beanspruchen, jene prophetischen Ansagen zu erfüllen, und folgerten, dass eine solche Übereinstimmung nicht zufällig sein könne, sondern auf einen göttlichen Heilsplan zurückgehen müsse, also ein Beweis der einzigartigen Heilsgeschichte sei, die in der christlichen Botschaft an ihr Ziel gekommen ist.

Nun sei dahingestellt, dass es überhaupt ein Widerspruch sein dürfte, Glaubenswahrheiten auf einen historischen Beweis zu gründen. Im Falle des Weissagungsbeweises genügen zwei Beobachtungen, um seine Unmöglichkeit zu erweisen. Einmal kann man beobachten, dass die frühchristlichen

Schriftsteller, wenn sie auf alttestamentliche Aussagen verweisen, die sich im neutestamentlichen Geschehen erfüllen sollen, häufig den Sinn jener alttestamentlichen Aussagen missverstehen bzw. umdeuten. Die Antike, der unser historisches Denken ja noch fremd war, hatte mancherlei Methoden ausgebildet, um autoritative Texte – im Griechentum z.B. die Epen des Homer und im Judentum das Alte Testament – unmittelbar auf gegenwärtige Bedürfnisse zu beziehen. Man las und verstand solche Texte also nicht im Sinn ihrer Verfasser, sondern nahm einzelne Worte aus ihrem Zusammenhang und machte sie in der Überzeugung, damit ihr richtiges Verständnis zu erschließen, ohne weiteres dem eigenen Aussageinteresse dienstbar. Auf diese Weise wurden viele Worte als Weissagung gedeutet, die sich selbst gar nicht als Weissagung verstehen, oder aber, falls es sich um tatsächliche Weissagungen handelt, auf Ereignisse bezogen, die sie selbst gar nicht im Blick haben. So führt Paulus in Röm 10,18 als Ansage seiner Heidenmission Ps 19,5 an: „Ihr Schall ist in die ganze Welt ausgegangen", und er versteht darunter den Schall der Boten des Evangeliums, ohne dabei zu berücksichtigen, dass der Psalm selbst von den Werken der Schöpfung spricht, die mit großem Schall Gottes Ehre verkündigen. Als ein weihnachtliches Beispiel sei auf die bekannte Stelle Jes 7,14 verwiesen, der zufolge der Prophet erwartet, dass eine ‚junge Frau' schwanger werden wird. Erst die griechische Übersetzung des hebräischen *alma* mit *parthenos* ließ das Verständnis ‚Jungfrau' statt ‚junge Frau' zu, und so konnte Jes 7,14 als Weissagung der Jungfrauengeburt dienen, obschon Jesaia solche Vorstellung gar nicht im Blick hatte.

Die andere Beobachtung gibt zu erkennen, dass sich nicht selten eine Übereinstimmung von Altem und Neuem Testament dadurch einstellt, dass die frühchristlichen Autoren bei ihren Erzahlungen alttestamentlichen Vorgaben und Vorlagen folgten. So begegnet bei dem Evangelisten Johannes keine historische Erinnerung, wenn er (Joh 19,23–24) erzählt, wie die Soldaten um das Gewand des gekreuzigten Jesus würfeln, sondern er setzt einen Satz in Erzählung um, mit dem ein Frommer, der sich in seiner Schwachheit gegen dieses Ungemach nicht wehren kann, in Ps 22,19 sein Elend und seine Hilflosigkeit vor Gott beklagt: „Sie teilen meine Kleider unter sich und werfen das Los um mein Gewand". Da der Evangelist Johannes in den älteren Evangelien gelesen hatte, dass Jesus die Anfangsworte von Ps 22 am Kreuz gebetet habe: „Mein Gott, mein Gott, warum hast du mich verlassen!", verstand er diesen Psalm insgesamt als Vorabbildung des Geschehens von Golgatha, und er folgerte, dass sein 19. Vers von den Soldaten spreche, die sich den Nachlass des Gekreuzigten aufteilen. Dem sei auch in diesem Fall ein weihnachtliches Beispiel zur Seite gestellt, nämlich die Verheißung, die wir im Buch des Propheten Micha (5,1) lesen: „Und du, Bethlehem (im Land) Ephrata, die du klein bist unter den Städten in Juda, aus dir soll mir kommen, der in Israel Herr sei." Bethlehem ist der Stammsitz des Geschlechtes Davids, und das Wort aus dem Munde des Propheten Micha kündigt deshalb zwar nicht an, dass der kommende König unbedingt in Bethlehem *geboren* werden müsse, wohl aber, dass er aus dem Geschlecht Davids stammen werde – wie ja auch die Hohenzollern nicht alle auf der Burg Hohenzollern geboren wurden, aber alle aus dem Geschlecht der Hohenzollern stammen. Die frühe Christenheit hat in ihrer zweiten Generation diese Verheißung des kommenden Messias aus dem Buch des Propheten Micha auf Jesus bezogen, den sie als König aus Davids Stamm bekannte, und sie hat gefolgert, also sei Jesus in Bethlehem geboren, wie solches in den Geburtsgeschichten der Evangelien nach Matthäus und Lukas zu lesen ist. Bethlehem ist also weniger ein historischer als vielmehr ein theologischer, aus dem Schema von Weissagung und Erfüllung gewonnener Geburtsort Jesu. Ob Jesus von Nazareth wirklich in Bethlehem geboren worden ist, kann man deshalb durchaus in Frage stellen. Die späteren Evangelisten, die Bethlehem nennen, hatten schwerlich noch authentische Nachrichten von Jesu Geburtsort, kannten wohl aber die Verheißung aus dem Buch des Propheten Micha, die ihnen diesen Ort nannte, und die sie dahingehend verstanden, dass Bethlehem der Geburtsort des Messias sein werde.

Diese wenigen Beispiele könnten vervielfacht werden, und jedes weitere Beispiel würde bestätigen, dass nicht alttestamentliche Weissagungen zwingend auf ein neutestamentliches Geschehen verweisen, sondern dass stets das christliche Erfüllungsgeschehen den Ausgangspunkt darstellt, dessen man sicher ist und von dem aus man in resolutem Zugriff die Aussagen des Alten Testaments liest und in Dienst nimmt. Man war sich der eigenen christlichen Botschaft so sicher, dass noch am Ausgang des Mittelalters die Humanisten sogar mit Aussagen des römischen Altertums nicht anders als mit dem Alten Testament verfahren sind. Sie haben vor allem die berühmte 4. Ekloge Vergils, in der die Geburt eines Herrschers angekündigt wird, der ein Goldenes Zeitalter heraufführen werde, auf die Geburt Jesu bezogen, und die Sibyllen, die an vielen Orten der Alten Welt ihre Orakel kundtaten, galten als Prophetinnen des kommenden Messias Jesus. Dass man aus solchem Zugriff auf alte Texte keinen Weissagungsbeweis ableiten kann, liegt am Tage. Und tatsächlich lag den frühchristlichen und auch noch den mittelalterlichen Autoren eine solche Beweisführung auch fern, wenn sie Altes und Neues Testament in das Verhältnis von Verheißung und Erfüllung setzten.

Schriftgemäß

Es ist in diesem Zusammenhang zunächst wichtig zu beobachten, wo und aus welchem Anlass sich das frühe Christentum überhaupt auf das Alte Testament beruft. Dies ist nämlich keineswegs durchgehend der Fall. Natürlich war das Alte Testament die Heilige Schrift der frühen Christenheit, und darum ist die frühchristliche Sprache durch und durch mit biblischer Überlieferung gesättigt. Aber das Urchristentum war keine ‚Schriftreligion'. Seine Glaubenswahrheit stand vielmehr auf eigenen Füßen, wie wir noch am Apostolikum und am Nizänum feststellen können, also an den zentralen Glaubensbekenntnissen der Christenheit, die in ihrem Kern in die apostolische Zeit zurückgehen und sich keineswegs auf das Alte Testament berufen. Es war also nicht erforderlich, die christliche Glaubensbotschaft durch einen Bezug auf die Schrift des Alten Testaments ‚abzusichern'. Deshalb gibt es auch weite Bereiche des frühchristlichen Schrifttums, die frei sind von jeder ausdrücklichen Bezugnahme auf das Alte Testament, und wenn im übrigen das Alte Testament zitiert wird, geschieht dies keineswegs immer im Schema von Weissagung und Erfüllung.

So haben bei Paulus die alttestamentlichen Zitate in der Regel einen beiläufigen Charakter, und sie begegnen in den meisten Fällen auch im Zusammenhang mit relativ peripheren Sachverhalten, nämlich vor allem bei Hinweisen zum sittlichen Verhalten, der Ethik, und zur rechten Ordnung der Gemeinde, während Paulus sich für die spezifisch christlichen Glaubensaussagen im allgemeinen nicht auf das Alte Testament beruft. Dieses Bild ändert sich freilich signifikant, wo immer Paulus sich im Gespräch mit Angehörigen der jüdischen Synagoge befindet, sei es, was sich nicht immer unterscheiden lässt, im Gespräch mit den feindseligen Juden selbst, sei es im Gespräch mit den gottesfürchtigen Heiden, die sich der Synagoge angeschlossen hatten und um die er wirbt, sei es im Gespräch mit judenchristlichen Mitgliedern der Synagogengemeinschaft. Gegenüber diesen dem Judentum verbundenen Gesprächspartnern beruft Paulus sich intensiv auf das Alte Testament. Hervorstechendes Thema ist dabei die Frage nach der besonderen Erwählung des Volkes Israel bzw. die Frage nach der Geltung des jüdischen Gesetzes, der Tora, und Paulus greift in ein ganzes Arsenal von schriftgelehrten Argumenten, um nachzuweisen, dass gerade auch nach dem Zeugnis des Alten Testaments der Gott Israels der Gott aller Völker sei, der sein Heil nicht an das nur den Juden gegebene Gesetz bindet, sondern an den Glauben, den das Evangelium allen Menschen ohne Unterschied bezeugt. Dabei geht es ihm nicht um einen Schrift*beweis* für die Wahrheit des paulinischen Evangeliums, geschweige denn um einen Weissagungsbeweis, sondern um den Nachweis, dass die Botschaft des Evangeliums *schriftgemäß* ist, so dass, wer immer die Autorität der Schrift anerkennt – und das tun ja seine synagogalen Gesprächspartner –, auch anerkennen müsste, dass die Verkündigung des Paulus durch diese Autorität gedeckt ist. In solchem Zusammenhang begegnet bei Paulus auch das aus der mittelalterlichen Kunst vertraute Bild von der Synagoge, deren Augen beim Lesen des Alten Testaments verhüllt sind, so dass ihnen dessen wahrer Sinn verborgen bleibt (2Kor 3,12–18). Paulus unternimmt es also nicht, in Form eines Wahrheitsbeweises das christliche Bekenntnis aus der Schrift abzuleiten, sondern er geht von diesem Bekenntnis aus und erklärt, dass nur in seinem Licht die Schrift des Alten Testaments richtig verstanden werden kann.

Was wir in dieser Weise bei Paulus beobachten können, dass nämlich für ihn das Evangelium seine Autorität aus sich selbst hat und er nur dort dem Alten Testament grundlegende Bedeutung beimisst, wo er Gesprächspartner überzeugen will, für die als Juden oder Judengenossen die Schrift fundamentale Autorität besitzt, lässt sich auch sonst vielfach im frühchristlichen Schrifttum beobachten. Wir achten indessen nur noch auf das Matthäusevangelium, das gegen Ende des 1. Jahrhunderts geschrieben wurde, als die Synagoge die Christen definitiv aus ihrer Körperschaft ausgeschlossen hatte und sich bemühte, die dem Judentum verbundenen Christen zurück zu gewinnen. Im Vordergrund der dadurch hervorgerufenen Auseinandersetzung stand nicht wie bei Paulus die Frage nach der Geltung des Gesetzes, sondern das Bekenntnis zu Jesus als dem Christus, dem Messias. Um den Juden bzw. den von diesen umworbenen Christen nachzuweisen, dass Jesus der im Alten Testament verheißene Messias sei, bildet Matthäus insgesamt 14 so genannte Reflexions- oder Erfüllungszitate. Wie nennen sie so, weil Matthäus jedes Mal ein Zitat aus dem Alten Testament mit einer stereotyp formulierten Wendung einleitet, in der er ausdrücklich darüber *reflektiert,* dass sich im Christusgeschehen das alttestamentliche Verheißungswort *erfüllt* hat: „Dies"– also z.B. die Geburt Jesu in Bethlehem – „ist geschehen, damit erfüllt würde, was gesagt wurde durch den Propheten ...", und dann folgt das alttestamentliche Zitat, meist aus den Büchern der Propheten Jesaia und Jeremia genommen und, wie gesagt, oft recht künstlich auf das neutestamentliche Geschehen bezogen. Auch Matthäus geht es nicht um einen allgemeinen Schrift- oder Weissagungsbeweis für die Wahrheit der christlichen Botschaft, die diese Wahrheit auch für ihn in sich selbst trägt. Aber er will die Christen, die in der Gefahr des Rückfalls in die Synagoge stehen, davon überzeugen, dass ihr Bekenntnis zu Jesus als dem Christus auch ihrer recht verstandenen Heiligen Schrift entspricht, so dass sie bei einer Rückkehr in die Synagoge gerade das biblische Erbe der Väter verspielen würden. Das bedeutet aber: Erfasst man das Schema „Weissagung und Erfüllung" nicht unter einem neuzeitlichen, sondern unter seinem frühchristlichen Aspekt, verdichtet es sich zu der Frage, ob sich das frühe Christentum mit Fug und Recht für seine Verkündigung auch auf das Alte Testament bezog.

Diese Frage wurde in frühchristlicher Zeit auch in bestimmten christlichen Kreisen verneint, und einer dieser Bestreiter der christlichen Geltung des Alten Testaments, Marcion, ein wohlhabender Reeder aus Sinope am Südufer des Schwarzen Meeres, hat sogar in der ersten Hälfte des 2. Jahrhunderts von Rom aus eine eigene Kirchengemeinschaft gegründet, wobei er sich bezeichnenderweise auf Paulus und dessen Erklärung berief, dass Christus das Ende des jüdischen Gesetzes bedeute; jene Abschnitte, an denen Paulus diese seine Erklärung ausführlich mit Zitaten aus dem Alten Testament begründete, hielt er für spätere Zusätze und entfernte sie aus den Briefen des Apostels. Aber schon eine Generation vor Marcion hatte der Evangelist Lukas in seinem Evangelium und vor allem in seiner Apostelgeschichte nachdrücklich solchen Kreisen widersprochen, die unter Berufung auf Paulus bestritten, dass das Alte Testament in der christlichen Gemeinde bleibend in Geltung stehe. Auch Lukas benötigt das Alte Testament nicht als Grundlage der christlichen Botschaft, und da er sich nicht mehr mit der Synagoge auseinandersetzt, verzichtet er auch darauf, bestimmte Inhalte der christlichen Botschaft wie die Ablösung des Gesetzes durch den Glauben oder das Bekenntnis zu Jesus als dem Christus aus dem Alten Testament zu begründen. Aber mit Nachdruck hält er an der Kontinuität von alt- und neutestamentlicher Botschaft, also an dem Zusammenhang von Verheißung und Erfüllung fest. Auch ihm liegt ein Weissagungsbeweis fern, aber er ist nicht bereit, das Alte Testament preiszugeben. Auch sein Doppelwerk aus Evangelium und Apostelgeschichte rückt also das Schema ‚Weissagung und Erfüllung' in den Horizont der Frage, ob die christliche Kirche ein Recht hat, das Alte Testament in seiner Bibel zu haben. Und das heißt dann auch konkret: Ist es berechtigt, bzw. inwiefern ist es berechtigt, alttestamentliche Verheißungsworte am heiligen Abend der Weihnachtsgeschichte voranzustellen?

Ein Beispiel: Jesaia 9,1–6

Wir wenden uns dieser Frage näher zu, indem wir einen der bekanntesten jener Texte im einzelnen zu verstehen versuchen, die seit jeher auf die christliche Weihnachtsbotschaft bezogen worden sind, nämlich den schönen, poetisch gestalteten Abschnitt Jes 9, 1–6:

> „(1) Das Volk, das im Finstern wandelt,
> sieht ein großes Licht.
> Die im dunkeln Lande wohnen:
> ein Licht strahlt über ihnen auf.
> (2) Du weckst lauten Jubel,
> du machst die Freude groß.
> Man freut sich vor dir,
> wie man sich freut in der Ernte,
> so wie man fröhlich ist,
> wenn man die Beute verteilt.
>
> (3) Denn sein drückendes Joch
> und das Holz auf seiner Schulter,
> den Stock seines Treibers
> zerbrachst du wie am Tag Midians.

(4) Denn jeder Stiefel,
der dröhnend marschiert,
und jeder Mantel,
der in Blut gewälzt wurde,
wird ins Feuer geworfen,
wird vom Brand verzehrt.

(5) Denn uns ist ein Kind geboren, ein Sohn ist uns
gegeben,
und die Herrschaft liegt auf seinen Schultern.
Und man rief seinen Namen aus:
Wunder-Rat; Gott-Held; Ewig-Vater; Friede-Fürst.
(6) Groß ist die Herrschaft und des Friedens kein Ende
auf dem Thron Davids und in seinem Königreich.
Denn er befestigt und begründet es
auf Recht und Gerechtigkeit
von nun an bis in Ewigkeit.

Solches wird tun der Eifer des Herrn Zebaoth."

Zum Verständnis dieses Abschnitts sind einige Vorbemerkun-
gen erforderlich. Nach dem Tode Salomos wurde das Reich
Davids in zwei Staaten geteilt, in das Nordreich Israel mit
Samaria als Hauptstadt und in das Südreich Juda, letzteres
mit Jerusalem als Hauptstadt. Der Prophet Jesaia, in dessen
Buch wir den zitierten Abschnitt lesen, lebte und wirkte im
Reich Juda, also vor allem in Jerusalem, und zwar etwa in
der Zeit von 740 bis 700. In dieser Zeit eroberte das sich aus-
dehnende Großreich der Assyrer weite Teile Palästinas, und
im Jahre 722 ging das Nordreich ‚Israel' unter dem assyrischen
Ansturm zugrunde. Das Südreich „Juda' konnte sich dagegen
seine Selbständigkeit bewahren, wenn auch als Vasall Assy-
riens und auf Kosten ansehnlicher Tributzahlungen; aber
eine Belagerung Jerusalems durch den assyrischen König
Sanherib scheiterte im Jahre 701. Erst die Babylonier eroberten
im Jahre 586 Jerusalem; sie zerstörten den von Salomo
erbauten Tempel und führten Zedekia, den letzten König aus
Davids Stamm, in die Gefangenschaft nach Babylon. In der

Zeit der Wirksamkeit Jesaias und noch mehr als 100 Jahre danach hat sich also die Dynastie des Hauses David in Jerusalem an der Macht halten können. Diese Beobachtung ist wichtig, will man unseren Abschnitt zeitlich einordnen. Denn er setzt, wie sich leicht erkennen lässt, voraus, dass er zu einer Zeit abgefasst wurde, als kein Herrscher auf dem Thron Davids saß. Er muss also in jedem Fall aus der Zeit *nach* der Zerstörung Jerusalems im Jahre 586 stammen. Und in der Tat ist das Buch des Propheten Jesaia erst im Laufe vieler Jahrhunderte zu der Schrift angewachsen, die wir im Alten Testament vorfinden, so dass es viele Abschnitte auch aus späteren Zeiten als der Wirkungszeit Jesaias enthält. Genauer lässt sich freilich die Entstehungszeit unseres Abschnitts in den rund 300 Jahren, die zwischen 586, dem Jahr der Zerstörung Jerusalems, und der Endfassung des Jesaiabuches liegen, nicht bestimmen, doch benötigen wir für unsere Fragestellung auch eine genauere Datierung nicht.

Die königslose, die schreckliche Zeit

Der Verfasser unseres Abschnitts lebt jedenfalls in der königlosen, der schrecklichen Zeit. Fremde Herren regieren Land und Volk. Sie legen ein hartes Joch auf die Schultern der Israeliten, wie es der pflügende Ochse tragen muss – ein beliebtes biblisches Bild für die Fremdherrschaft – und treiben es mit dem Stock an. Zuerst waren es die Babylonier, dann die Perser und schließlich die Mazedonier, die dem Volk ihren Willen aufzwangen, es unterdrückten und die Steuern eintrieben. Darum wandelt das Volk im Finstern, und es wohnt in einem dunklen Land. Diese gewichtigen Bilder, auf deren Hintergrund die Verheißung einsetzt, künden vom Elend der Gegenwart. Denn in der Dunkelheit findet man keinen Weg, man ängstigt sich und lebt in ständiger Furcht. Finster ist die Unterwelt, der Hades, das Reich des Todes. In solch hoffnungsloser Lage wissen sich Volk und Land.

Aber der Dichter unserer verheißungsvollen Worte öffnet den Horizont der Hoffnung. Er kündigt an, dass ein Kind geboren ist oder geboren wird, ein Sohn aus dem Geschlecht Davids, der die fremden Herren vertreiben und die Herrschaft übernehmen wird. Seine Herrschaft wird auf Recht und Gerechtigkeit gegründet sein, und die Fremdherrschaft wird nicht mehr wiederkehren. Wie der Schläfer nach langer Winternacht den ersten Schein des beginnenden Tages begrüßt, so darf das Volk dem strahlenden Licht des kommenden Herrschaftswechsels entgegensehen. Die Worte der Verheißung bringen das Licht der Hoffnung nahe, und wer sie hört, nimmt den strahlenden Glanz der kommenden Herrlichkeit wahr.

Darum kann der prophetische Dichter schon jetzt auf die Stunde der Befreiung, die Zeit der großen Freude vorausschauen. Er tut es mit zwei einleuchtenden Bildern, die aus dem Leben gegriffen und im Alten Testament verbreitet sind, dem Bild der Ernte und dem Bild der Beute. Die Tage, in denen man die Ernte einbringt, sind in einer Gemeinschaft, die unmittelbar von dem lebt, was der eigene Acker hergibt, Tage des gemeinsamen Jubelns; denn blieb die stets zu befürchtende Missernte aus, hatte man Vorrat und damit das Leben für ein weiteres Jahr gewonnen. Und konnte man Beute verteilen, fiel einem das irdische Gut sogar unerwartet in den Schoß. Dies kriegerische Bild überrascht freilich in einem Lied, das einen Friedenskönig verheißt, aber es weist darauf hin, dass der erwartete Herrschaftswechsel sich in einem politischen Raum vollzieht und dass der kommende Friede kaum mit friedlichen Mitteln zu gewinnen sein wird.

Diesen Sachverhalt lässt denn auch die zweite Strophe des prophetischen Liedes unmissverständlich erkennen. Erst wenn die Freiheit gewonnen, das drückende Joch abgeworfen und der Stock des Treibers zerbrochen ist, können die dröhnenden Stiefel der Soldaten und ihre blutbefleckten Uniformen ins Feuer geworfen werden. So war es auch an jenem Tage, als Gideon das überlegene Herr der Midianiter, die in das Land eingefallen waren, vernichtend geschlagen und dem Land eine Generation lang den Frieden beschert hatte (Ri 7–8). Der Prophet denkt wohl an die Stiefel und Mäntel der besiegten Feinde, die dem Feuer überantwortet werden, kaum aber an eine totale Abrüstung; von den Waffen ist keine Rede. Er ist kein Pazifist, aber er sieht voraus, dass die blutige Unterdrückung beendet sein und die neugewonnene Freiheit mit einem dauerhaften Frieden einhergehen wird.

Der König aus Davids Stamm

Und wenn dies alles geschieht, nimmt wieder ein König den Thron Davids ein. Die dritte Strophe des prophetischen Liedes ist ihr Höhepunkt. Nun wird nicht mehr in Bildern gesprochen, sondern die Thronbesteigung des Königs aus Davids Geschlecht deutlich vor Augen gerückt. „Uns ist ein Kind geboren, ein Sohn ist uns gegeben", nämlich ein Sohn Davids. In dem ‚uns' schließt sich der Prophet mit seinen Volksgenossen zusammen; er macht seine Erwartung zu ihrer Erwartung und ihre Hoffnung zu seiner Hoffnung. David war und ist die zentrale Leitfigur des nationalen und nationalreligiösen Judentums und der Typus des erwarteten Messias. Dabei kann die Tatsache im Vordergrund stehen, dass David, der schon als Hirtenjunge den Goliath besiegte, ein Großreich geschaffen hat, das den Nahen Osten beherrschte. David kann aber auch vor allem als der König herausgestellt werden, dem die Souveränität eines jüdischen Staates zu verdanken ist. Oder man kann seine Gerechtigkeit, seine Weisheit, seinen Kunstverstand und seine Frömmigkeit rühmen; man hat ihm bekanntlich viele Psalmen zugeschrieben, und die Harfe ist das Zeichen, an dem er auf den mittelalterlichen Bildern leicht zu erkennen ist. Schließlich gilt er auch als der Friedensherrscher, der Saul verschonte, als dieser ihm nach dem Leben trachtete, der die Feinde von Israels Grenzen fernzuhalten und im Inneren die sozialen Spannungen auszugleichen wusste.

Fragen wir, was unser hoffnungsvoller Prophet in seiner Weissagung von dem kommenden König aus Davids Stamm erwartete, so geben vor allem die Namen Auskunft, mit denen man ihn begrüßt, wenn die Herrschaft auf seine Schulter gelegt wird. Denn diese Namen sind nicht Schall und Rauch, sondern sie geben bedeutungsvolle Auskunft über ihren Träger, wie es bei der biblischen Namensgebung überhaupt der Fall zu sein pflegt. Es sind vier Namen, und jeder Name ist aus zwei hebräischen Wörtern zusammengesetzt. Die beiden ersten Namen, *Wunder-Rat* und *Gott-Held,* gehören als ‚Rat und Tat' zusammen. Wir wissen aus dem alltäglichen Leben um diesen Zusammenhang und kennen eine Fülle von Sprichwörtern, in denen dieser Zusammenhang begegnet und die in der Regel einschärfen, dass jeder Tat ein guter und besonnener Rat vorauszugehen hat. In diesem Sinn ist guter Rat teuer oder Goldes wert. Der tägliche Blick in die Zeitung bestätigt freilich auch, dass zumal in der Politik gilt: „Raten ist leichter denn helfen" und „Viel Rat ist Unrat". Das war auch früher schon so, aber der Name *Wunder-Rat* verheißt demgegenüber, dass der kommende Herrscher sich nicht einem vielstimmigen Kreis von Ratgebern ausliefern muss, sondern in allen Fragen seiner Herrschaft selbst wunderbaren Rat weiß, und der andere Name *Gott-Held* oder *Kraft-Held* verweist darauf, dass er imstande ist, solchen guten Rat auch auszuführen. Rat und Tat stimmen bei ihm überein, Weisheit und Macht verbinden sich, und wo in solcher Weise ein wunderbarer Rat kraftvoll ausgeführt wird, darf jeder sich glücklich preisen, der unter der Herrschaft dieses Königs lebt.

Schwierigkeiten bereitet das Verständnis des dritten Namens *Ewig-Vater.* Weist er darauf hin, dass der neue Herrscher aus Davids Geschlecht wie ein Vater, der sich über seine Kinder erbarmt, fürsorglich sein Volk leiten wird, und dass diese gnädige Herrschaft keine Ende finden wird? Oder wird ihm selbst ein langes Leben zugesprochen? Aber das hebräische Wort, das die lange Dauer bezeichnet, kann vereinzelt auch den Raub, die Beute bezeichnen, und darum geben manche den dritten Namen nicht mit *Ewig-Vater,* sondern mit *Beute-Vater* wieder. Dann würde sich ein kriegerischer Ton einstellen, und die väterliche Fürsorge des Herrschers schlösse ein, dass er, der die Unterdrücker besiegt oder die feindlichen Völker an den Grenzen bekriegt, seinen Untertanen an der gewonnenen Beute teilhaben lässt. Ein sicheres Verständnis ist in diesem Fall nicht zu gewinnen, während der letzte Name *Friede-Fürst* sich dem Verständnis ohne weiteres erschließt. Zwar weiß man das hohe Gut des Friedens oft nicht zu schätzen, wenn man es genießt. Aber wer im Unfrieden lebt, weiß, dass ihm der Name *Friede-Fürst* alles Gute verheißt, Aufbau und Wohlstand statt Zerstörung und Elend, Leben statt Tod, zumal wenn des Friedens kein Ende sein wird auf dem Thron Davids und in seinem Königreich, und zwar eines Friedens, der, wie es schließlich heißt, im Letzten und Entscheidenden nicht begründet ist auf der Macht der Waffen, sondern auf Recht und Gerechtigkeit, für die der König als oberster Richter sorgen wird.

Der Eifer des Herrn Zebaoth

Der Prophet verheißt keine herrschaftsfreie Welt, keine heilige Anarchie, „keine Macht für niemand", und er verkündigt auch keine demokratischen Ideale. Er hofft auf eine Erneuerung der davidischen Monarchie, auf einen guten König von Gottes Gnaden. Er verheißt kein Gottesreich auf Erden, wohl aber eine irdische Herrschaft im jüdischen Land, die das verwirklicht, was das Ideal jeder guten Staatsführung ist: Unabhängigkeit und Frieden, Recht und Gerechtigkeit für Volk und Land. Ihm steht keine Utopie vor Augen, kein Irgendwo der Phantasie, sondern das, was politisches Handeln im besten Fall erreichen möchte. Wie wenig dies Beste freilich in der Regel tatsächlich erreicht wird, zeigt unser ständiges Klagen über Unfriede und Ungerechtigkeit, über die täglichen Zwänge und vielfältigen Zerbrechlichkeiten, und auch der Verfasser unserer poetischen Verheißung kennt diese Realität. Da ist kein Aufruf: Brüder, zur Sonne, zur Freiheit, Brüder, zum Lichte empor. Er erwartet den großen Umbruch, den heilvollen Neuanfang, nicht von Menschen, sondern von Gott: „Solches wird tun der Eifer des Herrn Zebaoth." Der allmächtige Gott – er ist mit ‚Herr Zebaoth' gemeint – wird sein Volk nicht dauernd in der Knechtschaft belassen. Das Volk im Finstern eigener Ohnmacht, das ein helles Licht wahrnimmt, schaut nicht auf eine irdische Macht, sondern auf seinen

Gott. Er ist es, der lauten Jubel erweckt und die Freude groß macht. Er zerbricht das lastende Joch und den Stab des Treibers und wirft Stiefel und Uniformen der Soldaten, die das Land besetzen, ins Feuer. Er gibt dem Volk das Kind, den Sohn, der die Herrschaft übernehmen und als Friedefürst regieren wird. Wie dies geschehen wird, bleibt offen und liegt für den Leser in einem geheimnisvollen Dunkel. Menschliche Mitwirkung ist nicht ausgeschlossen, wenn die blutigen Mäntel verbrannt werden und die Beute verteilt wird. Wer machtvoll regieren soll, muss zuerst die Macht erwerben. Aber was für Vorstellungen auch immer der eine oder der andere sich von den Vorgängen macht, die den verheißenen Umbruch herbeiführen: Alles wird geschehen „wie am Tag Midians", also an jenem Tag, an dem Gideon auf göttliches Geheiß mit nur 300 Mann das mächtige Heer der Midianiter schlug, weil „Israel sich sonst rühmen könnte wider mich und sagen: Meine Hand hat mich errettet" (Ri 7,2). Was im Einzelnen geschehen wird, bleibt verborgen. Aber es wird jedenfalls nicht zu Ruhm und Ehre der Menschen geschehen, sondern so, dass am Ende nur das *Tedeum* angestimmt werden kann: Großer Gott, wir loben dich.

Soviel zum Verständnis der Verheißung Jes 9,1–6. Wir haben mit den meisten Forschern diese bekannte Weissagung aus einer Zeit heraus erklärt, in der fremde Herrscher in Juda regieren und das Volk auf die Wiederherstellung der Unabhängigkeit und der davidischen Dynastie hofft, also aus einer Zeit, die mindestens 200 Jahre später als die Wirksamkeit Jesaias liegt. Es gibt freilich nach wie vor Ausleger, die das weissagende Wort auf den Propheten Jesaia selbst zurückführen. In diesem Fall müsste der Prophet auch die kommende Fremdherrschaft vorausgesehen haben, oder aber er richtete die Erwartung gar nicht auf die *Wiedererrichtung* der Herrschaft eines Königs aus Davids Geschlecht, sondern auf einen Herrscherwechsel innerhalb der noch regierenden Dynastie. Wir brauchen uns indessen auf diese Frage, die natürlich in anderen Zusammenhängen von großem Interesse ist, nicht weiter einzulassen. Denn unter unserer Fragestellung bliebe das Problem im wesentlichen unverändert, das

Problem nämlich, das wir an der vorliegenden Weissagung exemplarisch beobachten, ob bzw. inwiefern es berechtigt ist, dass sich die christliche Gemeinde mit ihrer Verkündigung, speziell mit ihrer Weihnachtsbotschaft, auf solche prophetischen Texte des Alten Testaments zurück bezieht – zwar nicht in Form eines Weissagungsbeweises, wohl aber in der Weise, dass sie ihre eigene Botschaft als Erfüllung einer Erwartung versteht, die im Gottesvolk des alten Bundes lebendig war und auch noch ist und die uns in den Verheißungen des Alten Testaments überliefert wird.

Anknüpfung und Widerspruch

Man hat nicht ohne Grund erklärt, das Schema ‚Weissagung und Erfüllung' sei legitim im Sinne von ‚Anknüpfung und Widerspruch', legitim also in der Weise, dass in der Anknüpfung an die alttestamentliche Weissagung sich die Erfüllung vollzieht, die aber zugleich ein Moment des Widerspruchs umschließt. Die Antwort auf die Frage, ob sich die christliche Botschaft mit Fug und Recht auf die Verheißungen des Alten Testaments bezieht, lautet unter diesem Gesichtspunkt also: Ja und Nein.

Das Ja bezieht sich zunächst auf die Feststellung, dass das Volk im Finstern wandelt und im Schatten des Todes wohnt. Die bekannte Weihnachtsgeschichte erzählt, dass die Hirten „des Nachts" ihre Herde hüteten. Diese Nacht, in der den Hirten auf dem Feld bei Bethlehem das himmlische Licht erscheint, nimmt den Anfangssatz der Weissagung von Jes 9,1–6 anschaulich auf, der auch schon von Jes 60,2 reflektiert wird: „Siehe, Finsternis bedeckt das Erdreich und Dunkel die Völker." Die Weihnachtsbotschaft ist von Anfang an nie anders verstanden worden als so, dass sie Licht in die Dunkelheit bringt. Luther sagt von dem „ewigen Licht", das der Welt „einen neuen Schein" gibt: „Es leucht wohl mitten in der Nacht und uns des Lichtes Kinder macht." „Ich lag in tiefer Todesnacht, du wurdest meine Sonne", dichtet der vielgequälte Paul Gerhardt. Und ein Coburger Poet mit dem vielsagenden Namen Nachtenhöfer singt: „Dies ist die Nacht, da mir erschienen des großen Gottes Freundlichkeit; das Kind, dem alle Engel dienen, bringt Licht in meine Dunkelheit." Es ist nicht zufällig, dass das Weihnachtsfest nicht auf die Höhe des Jahres gelegt wurde, sondern in seine dunkelste Zeit, in der man, *weil* die Finsternis andrängt, das Licht um so besser wahrnimmt, und auch in diesem Sinn kann man die Nacht der Weihnacht als ‚heilige Nacht' besingen.

Mit solcher Anknüpfung an das prophetische Wort meldet sich aber zugleich schon der Widerspruch. Das Volk, das der Prophet im Finstern wandeln sieht, ist ja ein irdisches Volk, ein Staatsvolk, und die Dunkelheit über dem Land, in dem es wohnt, ist die Dunkelheit der Fremdherrschaft, der verlorenen Freiheit, der Unterdrückung und der fehlenden Selbstbestimmung. Auch das Hirtenvolk auf dem Felde von Bethlehem war keine Schar freier Leute, und Maria und Josef machten sich auf Befehl nicht eines jüdischen Königs, sondern des Kaisers Augustus auf ihren beschwerlichen Weg. Er regierte vom fernen Rom aus und hatte Kyrenius als Statthalter in dem eroberten Palästina eingesetzt. Die Steuer, zu der alles Volk eingeschätzt wurde, floss in die Kriegskasse der Besatzungsmacht. Aber die Nacht auf dem Hirtenfeld weist in keiner Weise auf diese Unfreiheit hin, und der Heiland, der in dieser Nacht geboren wird, wird nicht mit Macht und auf stolzen Rossen in Jerusalem einziehen, sondern ohnmächtig, auf einem Esel, um von den römischen Statthalter Pilatus am Kreuz zu Tode gebracht zu werden. Die Freiheit eines Volkes ist ein hohes Gut und großer Opfer wert, und das deutsche Volk ist in dieser Hinsicht von den Befreiungskriegen gegen Napoleon nicht übel geprägt worden, wenn auch für unser heutiges Empfinden die religiös-patriotische Lyrik von Ernst Moritz Arndt, Max von Schenkendorf, Theodor Körner und Friedrich Rückert – „Der Gott, der Eisen wachsen ließ, der wollte keine Knechte" – das theologisch Zulässige manchmal arg strapazierte. Doch haben auch diese begeisterten Freiheitsdichter in ihren Vaterlandsliedern nie die Weihnachtsbotschaft bemüht und die Nacht der nationalen Erniedrigung mit der Nacht von Bethlehem gleichgesetzt. Dagegen stand nicht nur das „Friede auf Erden" des himmlischen Lobgesangs, sondern schon die Kunde, dass die „große Freude", die der Engel verkündigt, *allem* Volk", also allen Menschen widerfahren wird.

Dieses „allem Volk" ist ein in der Weihnachtsgeschichte sehr bedachtsam gesetzter Akzent, mit dem „das Volk, das im Finstern wandelt", in einen universalen Horizont gestellt wird, ein Akzent, der im gesamten Urchristentum vielfältig begegnet, angefangen von den Weisen aus dem Morgenlande, die von weither nach Jerusalem und Bethlehem geritten kommen, bis hin zu dem Missionsbefehl: „Gehet hin in alle Welt und lehret alle Völker." In unterschiedlichen Variationen begegnet schon bei Paulus der Grundsatz: „Hier ist nicht mehr Grieche oder Jude, Beschnittener oder Unbeschnittener, Barbar, Skythe, Sklave, Freier, sondern alles und in allen Christus" (Kol 3,11; vgl. Gal 3,28; 1Kor 12,13). Diesem Akzent hatten maßgebliche Kreise des Judentums in frühchristlicher Zeit zwar entschieden vorgearbeitet; denn das Judentum hatte sich in alle Welt ausgebreitet und die Türen der Synagoge für alle Völker weit geöffnet. Aber diese Entwicklung zeigte das Bild einer Vorhut, die sich zu weit vorgewagt hatte und ständig ermahnt werden musste, die Verbindung zum Haupttheer nicht zu verlieren, also zu jenem Volk, das sich als ein auserwähltes Volk versteht, das aber damit doch als Volk unter Völkern in Erscheinung tritt und das den König aus Davids Geschlecht als seinen nationalen Herrscher erwartet. Die große Freude, die allem Volk widerfahren wird, sprengt im Widerspruch diesen Partikularismus der jüdischen Heilserwartung auf. „Oder ist Gott allein der Gott der Juden? Ist er nicht auch der Gott der Völker?" fragt der Judenchrist Paulus. Und er antwortet: „Natürlich auch der Völker!"; denn es ist der eine Gott, der sein Heil „allem Volk" verkündigen lässt (Röm 3,29f).

Wir werden auf diesen Gesichtspunkt noch einmal zurückkommen. Vorerst beobachten wir, dass dem Universalismus der urchristlichen Heilsbotschaft ihr Individualismus entspricht; denn *ein* Volk ist ein Kollektiv; *alles* Volk besteht aus vielen Einzelnen. Der Widerspruch gegen eine nationale

Heilserwartung ist deshalb eine wesentliche Quelle jenes abendländischen Denkens, das die Würde des einzelnen Menschen über alles kollektive Denken stellt. Auch in diese Richtung war schon das Judentum weit vorgestoßen. Man denke nur daran, in welch persönlicher Weise einzelne Fromme in den Psalmen vor dem Angesicht Gottes Ergebung und Vertrauen, Klage und Bitte zum Ausdruck bringen. Ein Satz, der mir aus Jugendzeiten noch im Ohr ist: „Du bist nichts, dein Volk ist alles", war und ist für jüdisches Empfinden unvorstellbar. In schlechthinniger Menschlichkeit steht der Beter vor Gott: „Auf dich bin ich geworfen von Mutterleib an; du bist mein Gott von meiner Mutter Schoß an" (Ps 22,11). Aber solche Erfahrung wird dann doch immer wieder zurück gebogen in die Grenzen des eigenen Volkes und in dessen kollektives Bewusstsein integriert: „Er verkündigt Jakob sein Wort, Israel sein Gebot und Gesetz; das tut er keinem der Völker, und sie kennen seine Rechte nicht" (Ps 147,19f). Es scheint mir erlaubt, das Kind, das wir in Windeln gewickelt und in einer Krippe liegend finden, auch unter diesem Blickwinkel zu deuten, nämlich als das Menschenkind schlechthin, das noch ohne Bildung und Prägung nackt und bloß in die Gemeinschaft der Lebendigen eingetreten ist, und das die Eltern ohne Antwort auf die Frage lässt: „Was wird aus diesem Kinde werden?" So gesehen, wird in diesem Kind allen Menschen ohne Unterschied das Angebot gemacht, Kinder Gottes zu werden.

Der Sohn Davids

Dass dies Kind der Tradition zufolge in Bethlehem, in der Stadt Davids, geboren wird, führt uns nun freilich wieder vom Widerspruch zurück zur Anknüpfung, also zu jener Weissagung und Verheißung eines Königs aus dem Geschlecht Davids, an die das urchristliche Bekenntnis mit Nachdruck anknüpft. In 2Sam 7,16 findet sich im Munde des Propheten Nathan ein weissagender Gottesspruch: „Dein Haus und dein Königtum sollen beständig sein in Ewigkeit vor mir, und dein Thron soll ewiglich bestehen." Auf diese Verheißung wird wie an manchen anderen Stellen des Alten Testaments auch in Jes 9,6 Bezug genommen: „Groß ist die Herrschaft und des Friedens kein Ende auf dem Thron Davids und in seinem Königreich." Schon früh leitete sich daraus die Bezeichnung ‚Sohn Davids' als Titel für den erwarteten Messias ab. Daran knüpft das Urchristentum an, und zwar nicht erst in der Weihnachtsgeschichte. Schon Paulus zitiert eine Glaubensformel, die er bereits vorgefunden hat und in der sich die Gemeinde zu dem Christus Jesus bekennt, „welcher nach dem Fleisch aus dem Geschlecht Davids stammt" (Röm 1,3). Dieses Bekenntnis weist zunächst darauf hin, dass sich das christliche Evangelium nicht als ein Novum verstand, das fremd und unvermittelt in die Welt eingetreten ist, sondern als die Erfüllung dessen, „was der alten Väter Schar höchster Wunsch und Sehnen war", das also in Kontinuität mit dem Gottesvolk des alten Bundes steht und das darum auch einem erwartungsvollen Menschen nicht fremd, sondern im Prinzip verständlich ist. Und welcher Mensch würde nicht, sei es auch verzweifelt, resigniert oder abschätzig, nach beständigem Glück und Heil Ausschau halten, sofern er nicht noch mit der Sisyphusarbeit beschäftigt ist, sich oder der Welt solches Heil zu besorgen. Zum anderen wird auf diese Weise die fundamentale Aussage aufgenommen, dass dies Heil nicht menschliches Werk, sondern göttliche Gabe ist: „Solches wird tun der Eifer des Herrn Zebaoth." Der ‚Sohn Davids' ist kein Usurpator; er reißt die Macht nicht an sich. Für ihn gilt, was der Prophet Amos in einem bildhaft-anschaulichen Gottesspruch verheißt: „Zu dieser Zeit will *ich* die verfallene Hütte Davids wieder aufrichten und ihre Risse vermauern und, was abgebrochen ist, wieder aufrichten und will sie bauen, wie sie vorzeiten gewesen ist" (Am 9,11). Der Mensch ist von sich aus heillos; die heilvolle Initiative liegt ganz in Gottes Hand. In diesem Sinn ist das „Euch ist heute der Heiland geboren" der Weihnachtsgeschichte zu verstehen, ein *passivum divinum;* Gott lässt den Heiland gebären, so dass die himmlischen Heerscharen das entsprechende Lob anstimmen: „Ehre sei Gott in der Höhe."

In solcher intensiven Anknüpfung meldet sich aber zugleich erneut der Widerspruch, nämlich der Widerspruch gegen die Vorstellung, dass sich das Heil Gottes politisch verwirklicht. Das kommende Reich des Friedens und der Gerechtigkeit, von dem im 9. Kapitel des Buches Jesaia die Rede ist, wird zwar nicht einfach als Resultat einer politischen bzw. militärischen Anstrengung hergestellt, und insofern lässt der Prophet die ernüchternde Realität dieser Welt nicht außer Blick. Aber so wunderbar dies Reich auch von Gott her erwartet wird, so wird es doch in und nach den Normen dessen erwartet, was politisches Kalkül sich als Ideal vor Augen stellt. So ist auch der Titel ‚Sohn Davids' im Lied des Propheten ein politischer Titel; und der ‚Sohn Davids' ist eine königliche Gestalt, ein politischer Messias, der Herrscher des von der Fremdherrschaft befreiten jüdischen Staates. Insofern hatte er im römischen Kaiserreich einen geradezu konspirativen Klang, und es ist verständlich, dass das frühe Christentum diesen Titel nur zurückhaltend gebraucht, sofern es ihn nicht sogar geradezu als unangemessen bezeichnet wie in Mk 12,35f: Der Messias ist nicht ‚Davids Sohn, sondern ‚Davids Herr'. In dem von Paulus zitierten Bekenntnissatz Röm 1,3 wird darum auch der Titel ‚Sohn Davids' bewußt vermieden und Jesu Davidsohnschaft darauf beschränkt, dass er „nach dem Fleisch aus dem Geschlecht Davids stammt". Mit dieser Abstammung erfüllt er zwar die Voraussetzung für seine messianische Sendung; seine Hoheit aber hat er, wie die Fortsetzung der von Paulus wiedergegebenen Glaubensformel zeigt, nicht als ‚Sohn Davids', sondern weil er „durch den heiligen Geist eingesetzt wurde zum machtvollen Gottessohn" (Röm 1,4).

In der vertrauten Weihnachtsgeschichte des Lukasevangeliums richtet sich der Widerspruch freilich nur mittelbar gegen die politische Heilserwartung jüdischer Propheten und jener jüdischen Zeitgenossen, die im Jahre 66 den Aufstand gegen Rom anzettelten, der vier Jahre später zur Zerstörung Jerusalems und seines Tempels führte. Unmittelbar ist die Heilsideologie der römischen Kaiserzeit der Gegenpol, an dem sich das christliche Heilsverständnis artikuliert. Denn die Weihnachtsgeschichte beginnt mit dem Kaiser Augustus, von dem das Gebot ausging, dass alle Welt sich in die Steuerlisten eintragen lassen müsse. In seinem eigenhändigen Tatenbericht *(res gestae divi Augusti),* den Augustus bei seinem Tode hinterließ, hat er als seine politische Leistung nicht zuletzt den auch von ihm selbst so genannten ‚Augustusfrieden' herausgestellt, die Beendigung des Bürgerkrieges und den mit starker Hand gesicherten Frieden während seiner langen Regierungszeit; Ziel und Ergebnis einer Politik, die jedem Zeitgenossen Respekt einflößen musste und die bis heute die Herrschaft des Augustus verklärt. Schon seine Zeitgenossen haben diese Friedenspolitik religiös überhöht. Sie preisen Augustus als den göttlichen Kaiser, der das Land aus der Finsternis ins Licht geführt habe. Nun erst braucht man es nicht zu bereuen, geboren zu sein; er hat der Welt das Leben geschenkt und die Erwartungen der Vorfahren noch übertroffen. Ihm, dem Heiland des Menschengeschlechts, werden bald allerorten Altäre errichtet und Opfer dargebracht. Weite Kreise der im römischen Reich versammelten Völkerwelt sehen in ihm als dem Gottkaiser erfüllt, was unter andere Voraussetzungen alttestamentliche Weissagungen wie die in Jes 9 verkündete Prophetie für das Volk Israel erwarten.

Gegen solche Interpretation des ‚Augustusfriedens' und damit gegen alle politische Heilserwartung setzt die Weihnachtsgeschichte die nüchterne Feststellung, dass Augustus den Census angeordnet, die Steuerschätzung auf eine neue Basis gestellt, dem Volk neue Lasten auferlegt habe. Das heißt: Der Friede des Augustus ist das Ergebnis politischen Kalküls. Ist er eine Wohltat, so doch keine Heilstat. Er ist brüchig, und er wurde ja auch bald zu einer besonnten Vergangenheit. Politik taugt nicht zur – wie man heute sagt – ‚Geistigen Erneuerung'; sie kann keinen Sinn stiften. Ein Staatsvolk ist kein Gottesvolk, ein Herrscher kein Heilsbringer. Darum konnte die urchristliche Verkündigung an die Heilserwartungen zwar anknüpfen, wie sie in der Heiligen Schrift überliefert wurden, sie musste ihnen aber zugleich widersprechen, soweit das Heilshandeln Gottes als politisches Handeln und das Gottesvolk der Heilszeit als irdischer Volksverband erwartet wurde. Solches Widersprechen deckt den inneren Widerspruch der prophetischen Verheißung auf, der darin liegt, dass die Hoffnung auf Heil sich mit politischen Erwartungen verbindet.

Das Scheitern der politischen Prophetie

Im Blick auf diese politische Heilserwartung der alttestamentlichen Weissagungen muss man also von einem Scheitern der Prophetie sprechen. Nun hat man freilich in paradoxer Weise gerade dieses Scheitern auch als *Erfüllung* der Weissagungen bezeichnen können. Das erscheint zunächst widersinnig, und es mag auch zugespitzt formuliert sein, aber es ist in der Tat verheißungsvoll, wenn der Mensch mit seinem Versuch scheitert, göttliches Heil in innerweltlichem Geschehen verwirklicht zu sehen und den ewigen Sinn seines Daseins durch sein eigenes Tun zu realisieren. Jedenfalls ist es eine Grundeinsicht des christlichen Glaubens, die besonders der Apostel Paulus prägnant formuliert hat, dass Heil und Scheitern, nämlich das Scheitern an jedem Versuch autonomer Heilsgewinnung, unlöslich miteinander verbunden sind: „Wenn ich schwach bin, dann bin ich stark" (2Kor 12,10), oder: „Als die Sterbenden, und siehe, wir leben; ... als die nichts haben, und doch alles haben" (2Kor 6,9–10). Im Zusammenhang mit der Weihnachtsbotschaft, nämlich mit dem Blick auf das Kind in der Krippe, findet dieser Sachverhalt seinen Ausdruck in Jesu Wort: „Wer das Reich Gottes nicht empfängt wie ein Kind, der wird nicht hineinkommen" (Mk 10,15). Luther hat darum gesagt, Gott führe nicht zum Leben, er töte denn, und nicht in den Himmel außer durch die Hölle. Nur im Anblick des Scheiterns endet der aufrechte Gang nicht im Absturz in die Tiefe.

Lässt man in solcher Weise gelten, dass sich die Erfüllung einer Weissagung auch in ihrem Scheitern vollziehen kann, indem nämlich diese Erfüllung die Erwartungen der Weissagung aufnimmt und zugleich über sie hinausführt, dann darf sich die Weihnachtsbotschaft auch weiterhin an den Namen des verheißenen Königs aus Davids Stamm orientieren, die wir in Jes 9 lesen: *Wunder-Rat; Gott-Held; Ewig-Vater; Friede-Fürst,* freilich so, dass diese Namen im weihnachtlichen Licht besser verstanden werden, als sie sich einst selbst verstanden haben. Der „wunderbare Rat" lautet dann so, wie Paulus ihn mit Worten seines Herrn weitergibt: „Lass dir an meiner Gnade genügen; denn meine Kraft ist in den Schwachen mächtig" (2Kor 12,9). Dann ist also das Kind in der Krippe selber dieser Rat und der Hinweis darauf, dass der Mensch nichts in die Welt gebracht hat und auch nichts aus ihr wird mitnehmen können, dass aber in dieser Ohnmacht seine Stärke, in diesem Ende der Anfang des Lebens liegt. Denn dann bekommt der zweite Name – „Gott-Held" – seinen bleibenden heilvollen Sinn, wie er in vielen Worten der Psalmen zum Ausdruck kommt: „Wohl denen, die dich für ihre Stärke halten ...; wenn sie wandern durch das Tal der Tränen, machen sie daselbst Brunnen" (Ps 84,6–7). „Wenn ich nur dich habe, so frage ich nicht nach Himmel und Erde. Wenn mit gleich Leib und Seele verschmachtet, so bist du doch, Gott, allezeit meines Herzens Trost und mein Teil" (Ps 73,25–26). „Ewig-Vater" weist dann darauf hin, dass wir das weihnachtliche Heil nicht anschauen und fassen können wie jenes Heil, das die politischen Utopien verheißen. Gottes Heil ist vielmehr die freie Offenheit für die Zukunft, das Vertrauen auf die unverfügbare Gnade Gottes und jene getroste Gelassenheit, in der der Mensch sich fallen lassen kann, weil er gehalten ist. Und „Friede-Fürst" verweist dann nicht auf den Volks- oder den Völkerfrieden, so gewiss dieser mit Freiheit und Rechtlichkeit zu den Gütern gehört, die wir, wenn wir sie genießen, viel zu wenig zu schätzen pflegen, sondern auf den „Frieden Gottes, der höher ist als alle Vernunft" (Phil 4,7) und der auch inmitten des irdischen Streites und der menschlichen Unvernunft seinen Segen schenkt: „Nun ist groß Fried ohn Unterlaß, all Fehd hat nun eine Ende", sang die Christenheit deshalb schon im 4. Jahrhundert. Es ist der Friede, von dem es in der Weihnachtsbotschaft heißt: „Ehre sei Gott in der Höhe und Friede auf Erden unter den Menschen seines Wohlgefallens." Diese Botschaft ist als solche nicht geheimnisvoll, nur das „unter den Menschen seines Wohlgefallens" enthält ein unauflösliches Geheimnis entsprechend der Inschrift, die in Immermanns ‚Merlin' über der Pforte zum heiligen Gral steht:

„Ich habe mich nach eignem Recht gegründet,
Vergebens sucht ihr mich.
Der Wandrer, welcher meinen Tempel findet,
Den suchte ich."

Aber wie sollte der Mensch ohne diese demütigende Einsicht, dass er nicht der Erkennende, sondern der Erkannte ist, in das „Ehre sei Gott in der Höhe" einstimmen können? Und so kann denn auch keine Weissagung, die nicht nur ein Horoskop sein will, auf ein anderes Ziel hinweisen wollen als darauf, „dass Gott sei alles in allem" (1Kor 15,28).

Die Weihnachtsgeschichte
des Lukasevangeliums

Siehe, ich verkündige euch große Freude

Es gibt kein Stück der Weltliteratur, dessen Bekanntheits-grad auch nur annähernd den der lukanischen Weih-nachtsgeschichte erreicht, und auch keines, dessen Einfluss auf die abendländische Kultur mit dem vergleichbar wäre, den diese kurze Erzählung aus Lk 2,1–20 bis heute ausübt. Von der Katakombenmalerei bis zu Marc Chagall hat vermut-lich kein namhafter Maler die Geburtsszene in Bethlehem unbeachtet gelassen. Unzählige Male ist diese Szenenfolge in Stein gehauen, in Holz geschnitten, in Ton geformt worden. Die Phantasie kennt keine Grenzen, wenn sie sich anschickt, volkstümlich oder mit hoher Kunst eine Weihnachtskrippe aufzubauen oder die Erzählung nachzuspielen. Diese eine Weihnachtsgeschichte hat unzählige Weihnachtsgeschichten, Weihnachtsgedichte und Weihnachtslieder aus sich heraus-gesetzt, und es ist bezeichnend, dass das weihnachtliche Volkslied nach wie vor erklingt, während selbst das volks-tümliche Liebeslied längst vom Schlager verdrängt wurde. Ihr Text wurde immer wieder in Kantaten und Oratorien ver-tont. Und was wäre der weihnachtliche Kitsch, der zur Weih-nachtszeit auf uns eindringt und unsere Ohren und Augen langweilt, ohne die Weihnachtsgeschichte.

Was macht die Faszination dieser Legende aus? – denn will man die literarische Gattung der lukanischen Weih-nachtsgeschichte näher bestimmen, so dürfte die Bezeich-nung ,Legende' dafür am besten geeignet sein: Ein irdisches Ereignis, die Geburt Jesu, des ältesten Sohnes des Zimmer-manns Joseph und seiner Frau Maria aus Nazareth, wird im Glanz überirdischen Lichtes erzählt; die Bedeutung, die der Erzähler dieser Geburt zuschreibt, wird also durch die Art und Weise der Erzählung selbst ausgedrückt. Das Ereignis und seine Deutung verbinden sich, voneinander unablösbar, in einer Erzählung, die mehr ist als bloßer Bericht. Die Weihnachtsgeschichte ist auch Dichtung, und zwar Dichtung von hoher Qualität. Das Poetische überwiegt bei weitem die Reportage, die Wiedergabe eines historischen Geschehens. Und damit ist auch die Antwort auf die Frage gegeben, was die Faszination dieser Erzählung ausmacht. Sie hat deshalb in fast zwei Jahrtausenden die Künstler aller Sparten zu immer neuen Kunstwerken angeregt, weil sie selbst ein Kunstwerk ist, eine Dichtung, deren Größe gerade in ihrer Schlichtheit zum Ausdruck kommt.

Die Erzählung: Drei Szenen

Die Erzählung umfasst drei Szenen, und jeder dieser Szenen wird vom Erzähler mit einem „Es geschah" *(egeneto)* eingeleitet, so dass er deutlich signalisiert, wie er seine Erzählung gliedert und dass er das Gewicht auf die umfangreichste mittlere Szene legt.

In der ersten Szene wird der Blick von Augustus, dem Kaiser in Rom und dem Beherrscher des Weltkreises, sogleich auf die intimen, uns menschlich so nahen Probleme eines jungen Ehepaares gelenkt, das sich auf Befehl des allgewaltigen Herrschers auf einen beschwerlichen Weg machen muss, obschon die letzten Tage der Schwangerschaft Marias, der hoffnungsvollen Mutter, angebrochen sind. Auch Josef, der Vater des zu erwartenden Kindes, stammt freilich, wie wir erfahren, aus königlichem Stamm, nämlich aus dem Geschlecht des jüdischen Königs David, und mit dieser Mitteilung deutet unser Erzähler schon etwas von dem hintergründigen Sinn seiner Geschichte an.

„(2,1) Es geschah in jenen Tagen, dass ein Gebot vom Kaiser Augustus ausging, der ganze Erdkreis müsse sich in Steuerlisten eintragen lassen. [(2) Es war die erste Eintragung, und sie geschah, als Quirinius Statthalter von Syrien war.] (3) Da machten sich alle zur Eintragung auf den Weg, jeder in seine

Vaterstadt. (4) Auch Josef zog von Galiläa aus der Stadt Nazareth hinauf nach Judäa in die Stadt Davids, nach Bethlehem, weil er aus der Familie und der Sippe Davids stammte, um sich eintragen zu lassen, (5) und zwar zusammen mit seiner Frau Maria, die schwanger war."

Die zweite Szene versetzt uns nach Bethlehem, wo Marias erstes Kind zur Welt kommt und in der Unterkunft, die auf solches Ereignis nicht vorbereitet war, in einer leeren Futterkrippe seinen ersten Schlafplatz findet. Und zu dieser gleichen nächtlichen Stunde erfahren die Hirten, die auf den Feldern Bethlehems ihre Herde hüten, durch die Botschaft der Engel von der Geburt des Kindes. Sie werden hineingerissen in den Kontrast zwischen der nächtlichen Finsternis und dem himmlischen Licht, zwischen großer Furcht und tröstlichem Zuspruch, zwischen tiefem Erschrecken und hoher Freude, und jeder Hörer der Erzählung verspürt etwas von der Symbolhaftigkeit dieser Darstellung, in der das Licht aufstrahlt inmitten der Finsternis.

„(6) Und es geschah, während sie dort weilten, dass die Zeit ihrer Niederkunft kam, (7) und sie gebar ihren ersten Sohn. Sie wickelte ihn in Windeln und legte ihn in eine Krippe, weil sie sonst keinen Platz in der Unterkunft hatten. (8) In jener Gegend befanden sich Hirten auf dem Felde; sie bewachten in der Nacht ihre Herde. (9) Ein Engel des Herrn trat zu ihnen, und der Lichtglanz des Herrn umleuchtete sie; da fürchteten sie sich sehr. (10) Der Engel aber sprach zu ihnen: Fürchtet euch nicht; denn ich verkündige euch eine große Freude, die dem ganzen Volk widerfahren wird. (11) Heute wurde euch in der Stadt Davids ein Heiland geboren, [nämlich Christus, der Herr]. (12) Dies sei euer Zeichen: Ihr werdet das Kind finden in Windeln gewickelt und in einer Krippe liegen. (13) Und plötzlich stand bei dem Engel eine Menge himmlischen Heeres, die Gott lobten und sprachen:

(14) Ehre sei Gott in Himmelshöhen,
und Friede sei auf Erden unter den Menschen des Wohlgefallens."

Die dritte Szene kann nichts Überraschendes mehr bringen. Sie erzählt, was notwendigerweise noch erzählt werden muss. Sie beginnt wie die erste mit Aufbruch und Weg, und die Wege von Maria und Josef einerseits und der Hirten andererseits, die der Kunde des Engels folgten, treffen sich vor der Krippe in Bethlehem. Den Abschluss dieser dritten Szene und zugleich der ganzen Erzählung bildet ein von der Wissenschaft so genannter ,Chorschluss': Die Hirten lobten Gott für alles, was sie gehört und gesehen hatten.

„(15) Und es geschah, als die Engel von ihnen in den Himmel zurückgekehrt waren, dass die Hirten zueinander sprachen: Lasst uns also nach Bethlehem gehen und nach dem schauen, was geschehen ist und was uns der Herr kundgetan hat. (16) Sie machten sich eilends auf den Weg und fanden Maria und Josef und das Kind, das in der Krippe lag. (17) Als sie es sahen, berichteten sie, was zu ihnen über dies Kind gesagt worden war, (18) und alle, die zuhörten, wunderten sich über das, was ihnen die Hirten sagten. [(19) Maria aber behielt alle diese Worte und bedachte sie in ihrem Herzen.] (20) Und die Hirten kehrten wieder um und priesen und lobten Gott für alles, was sie gehört und gesehen hatten [, wie es zu ihnen gesagt worden war]."

Ein ,Chorschluss' öffnet die Erzählung zum Hörer oder Leser der Geschichte hin. Dieser hat sich ja eine *Epiphaniegeschichte* erzählen lassen: Gott ließ seine Herrlichkeit unter den Menschenkindern aufscheinen, und wenn auch das himmlische Licht eigenartigerweise über einem Kind in einer Krippe aufleuchtet, so sind Leser und Hörer der Weihnachtsgeschichte dennoch eingeladen, in das Lob des Hirtenchores einzustimmen. Das können sie freilich nur, wenn sie nicht nur gehört, sondern auch verstanden haben, was die Erzählung sagen will. Wer in diesem Sinn nach der Bedeutung der Weihnachtsgeschichte fragt, fragt nicht nach dem, was sich – historisch gesehen – hinter dieser Geschichte verbirgt, sondern nach dem, was ihr Verfasser mit ihr sagen will.

Dieser Verfasser war zwar ein großartiger Erzähler, aber seinen Namen, seinen Stand und seine Herkunft kennen wir nicht. Schon der uns gleichfalls unbekannte Evangelist, den wir Lukas nennen und der uns die Weihnachtsgeschichte im Rahmen seines Evangeliums mitteilt, dürfte nicht gewusst haben, wem er diese Erzählung verdankt. Jedenfalls hat er sie schon vorgefunden und nur weitererzählt – mit kleinen Ergänzungen von seiner Hand versehen, die im Text in Klammern gesetzt wurden. Da wir also von dem Verfasser nichts wissen, muss uns seine kunstvolle Erzählung selbst Auskunft über ihre Absicht und Bedeutung geben.

Zur Erklärung

Eine angemessene Erklärung ist natürlich schon oft versucht worden, freilich nicht immer mit den gleichen Ergebnissen. Wir wollen uns zunächst an einer Untersuchung orientieren, die Martin Dibelius 1932 in den Sitzungsberichten der Heidelberger Akademie der Wissenschaften veröffentlicht hat. Sie trägt den Titel ‚Jungfrauensohn und Krippenkind‘ und ist ein Kleinod auch unter den zahlreichen exegetischen Studien dieses bedeutenden Gelehrten. Dibelius weist mit Recht darauf hin, dass unsere Erzählung ein in sich abgeschlossenes und aus sich selbst verständliches Überlieferungsstück darstellt.

Diese Einsicht, dass die lukanische Weihnachtsgeschichte für sich selbst und aus sich selbst verstanden werden muss, bedeutet vor allem, dass keine ursprüngliche literarische Verbindung mit jenen Vorgeschichten der Geburt Jesu in Bethlehem besteht, die uns im ersten Kapitel des Lukasevangeliums überliefert werden, also mit der Ankündigung der Geburt Jesu durch den Besuch des Engels bei der Jungfrau Maria – „mir geschehe, wie du gesagt hast“ – und mit dem Besuch der Maria bei ihrer Base Elisabeth, der Mutter des Täufers Johannes – „Übers Gebirg Maria geht ...“. Während jene Vorgeschichten, in denen sich auch die Legenden von der Geburt des Johannes und den ihr vorhergehenden Umständen sowie die Lobpsalmen der Maria *(Magnificat)* und des Zacharias *(Benedictus)* finden, erst von Lukas selbst erzählt worden sind, hat ihm die Geburtsgeschichte Jesu schon vorgelegen. In ihr werden deshalb Josef und Maria als bisher unbekannte Personen vorgestellt, und zwar als ein junges Ehepaar, das in die Vaterstadt des Mannes reist. Auf eine jungfräuliche Empfängnis weist nichts hin, und Maria erfährt aus dem Munde der Hirten offensichtlich zum ersten Mal, dass ihr Kind ausgewählt wurde, Heiland der Welt zu werden. Zwar schwankt insofern die Überlieferung in unseren alten Handschriften. Die einen berichten, Josef habe sich „mit Maria, seiner Frau", auf den Weg gemacht, andere dagegen schreiben „mit Maria, seiner Verlobten", während noch andere Handschriften diesen Widerspruch aufzulösen versuchen und, die beiden unterschiedlichen Lesarten wenig glücklich zusammenfügend, dem Leser mitteilen, Josef sei „mit Maria, seiner mit ihm verlobten Frau" nach Bethlehem gezogen. Aber in der Erzählung selbst gibt nur das „mit Maria, seiner Frau", einen guten Sinn, das von frühen Abschreibern geändert wurde, um auch in der Weihnachtsgeschichte die Anschauung von der jungfräulichen Geburt zur Geltung zu bringen, die in der voraufgehenden Vorgeschichte des Lukasevangeliums begegnet, ihr selbst aber noch fremd ist.

Dibelius gibt uns auch einen anschaulichen Hinweis darauf, was wir uns unter der ‚Herberge' oder ‚Unterkunft' vorzustellen haben, in der Josef und Maria ihr Quartier finden und das Kind seine erste Schlafstätte in einer Futterkrippe bekommt. Wir befinden uns in dem einen großen und zur ebenen Erde gelegenen Raum des orientalischen Bauernhauses, in dem Menschen und Tiere miteinander Platz finden, und zwar die Menschen auf einer um einige Stufen erhöhten Terrasse, auf der sie nachts ihre Betten aufschlagen konnten, die Tiere aber zu ebener Erde. Hotels kannte man in Palästina nicht; man war auf Gastfreundschaft angewiesen. Wer will, darf sich vorstellen, dass das junge Paar bei der Verwandtschaft untergekommen ist, zumal der Erzähler anders als so manche unserer Krippenspiele sich über die Herbergssuche keine Gedanken macht. Da man in diesem Quartier auf die Ankunft eines neuen Erdenbürgers nicht vorbereitet war, legte man das Kind in eine Krippe, und dieses ungewöhnliche Kinderbett war dann für die Hirten ein sicheres Erkennungszeichen: „Ihr werdet finden das Kind in Windeln gewickelt und in einer Krippe liegen", sagt der Engel. Denn als ein solches auffälliges Erkennungszeichen dient die Futterkrippe, nicht als Hinweis auf die Armut der Eltern oder auf besonders erniedrigende Umstände der Geburt oder auch auf die Niedrigkeit des Neugeborenen; eine Krippe kann die Ohnmacht eines Säuglings schwerlich noch vertiefen. „Hirten und Krippe gehören zusammen", schreibt Martin Dibelius. Die Hirten sind mit ihrem Vieh – auch mit Ochs und Esel – draußen auf dem Feld, so dass Haus und Krippe Platz bieten für die Gäste, und es ist die Krippe der eigenen Haustiere, in der die Hirten zuerst nach dem Kind suchen und ohne Mühe fündig werden.

Unendlich oft besprochen und analysiert und auch mit viel Phantasie aufgefüllt werden bis in unsere Tage die ersten beiden Sätze der Erzählung. Sehr allgemein heißt es zunächst, dass eine Anordnung von dem Kaiser Augustus ausgegangen sei, dass, wie Luther übersetzt hat, „alle Welt geschätzet würde", dass also jeder Bürger im römischen Weltreich – das meint „alle Welt" – sich für die Kopfsteuer aufzeichnen und ggf. auch nach dem Maß seines Vermögens in Steuerlisten eintragen lassen musste. Der lateinische, auch von unserem Erzähler verwendete Ausdruck für eine solche Aktion, die von den Bürgern verständlicherweise nicht gern gesehen wurde, lautet *Census;* ein *Census* in Judäa löste im Jahre 66 auch den jüdischen Aufstand aus, der mit der Zerstörung Jerusalems 4 Jahre später endete. Dann wird spezifiziert: „Dieser Census war der erste, und er geschah, als Kyrenius *(Quirinius)* Statthalter in Syrien war." Syrien war eine unruhige römische Provinz, die deshalb dem Kaiser, nicht dem Senat von Rom unterstand und von einem Legaten aus dem römischen Adel verwaltet wurde. Soweit wir wissen, wurde der Legat *Quirinius* erst im Jahre 6, also längere Zeit nach Jesu Geburt, nach Syrien gesandt, die Steuererhebung zu ordnen, nachdem der jüdische König Archelaos, der Nachfolger des großen Herodes, vom Kaiser Augustus abgesetzt und sein Herrschaftsgebiet Judäa direkt der kaiserlichen

Regentschaft unterstellt worden war. Diese Unstimmigkeit braucht uns indessen nicht weiter zu beschäftigen, zumal die Bemerkung über *Quirinius* nicht der alten Erzählung angehören dürfte, sondern erst auf den Evangelisten Lukas zurückgeht; denn dieser Evangelist erhebt den Anspruch, sein Werk als Historiker zu verfassen, und er ist deshalb auch an anderen Stellen seines Doppelwerkes – Evangelium und Apostelgeschichte – bemüht, bestimmte Ereignisse genauer zu datieren, ohne immer über hinreichend präzise historische Erkenntnisse zu verfügen.

Die ursprüngliche Erzählung sprach also nur von dem *Census* des Augustus, und wenn sie, einem Märchen ähnlich, mit den Worten beginnt: „Es geschah aber in jenen Tagen, dass ein Gebot von dem Kaiser Augustus ausging, dass alle Welt geschätzet würde ...", dann spüren wir, dass jene Tage schon lange zurückliegen, als die Weihnachtsgeschichte erzählt wurde, und dass der große Kaiser schon zu einer legendenumwobenen Gestalt geworden ist. Dass sein Befehl einst sein weltweites Reich zu einem einzigen Zeitpunkt von West bis Ost einem einheitlichen *Census* unterworfen hat, ist uns nicht bezeugt, und unwahrscheinlich erscheint auch, dass man zur Eintragung in die Steuerlisten seinen Herkunftsort aufsuchen musste, wo möglicherweise noch das Grundvermögen lag. Aber der Erzähler will keine präzise historische Nachricht geben, sondern auf die umfassende Macht des Augustus verweisen, dem der ganze Weltkreis – im griechischen Urtext steht der Ausdruck „die ganze Ökumene" – gehorchen muss, auch wenn er ihre Lasten vermehrt, und der seine Untertanen auf einen so gefährlichen Weg wie den von Nazareth hinauf in das judäische Gebirge nach Bethlehem schicken kann, wenn es ihm gefällt.

Indessen ist die Rolle, die der Kaiser Augustus in unserer Erzählung spielt, weit umfassender, als dass er mit seinem Gebot lediglich den Anlass lieferte für den Weg des jungen Paares von Nazareth nach Bethlehem. Vielmehr können wir den Fortgang der bedeutungsvollen Erzählung nur verstehen, wenn wir den berühmten Kaiser und alle berauschenden Erinnerungen nicht aus dem Auge verlieren, die den Menschen in den Tagen unseres unbekannten Erzählers in das Gedächtnis traten, sobald sie seinen Namen hörten, der auf zahllosen Inschriften und Statuen auf Straßen und Plätzen eingemeißelt war.

Um die Rolle des Kaisers Augustus recht zu erfassen, müssen wir uns freilich zunächst bei den Hirten auf dem Felde umsehen, die des Nachts ihre Herde hüteten. Von dem Leben auf dem dunklen Hirtenfeld ist jedes bukolische Idyll fernzuhalten, wie es die Lieblichkeit und Leichtlebigkeit des Rokoko gerne auch in diese Szene einzeichnete; Blumengirlanden und Schäferstündchen haben in dieser Szene nichts zu suchen, auch wenn in den vornehmen Kreisen Roms schon in jenen fernen Tagen das Leben in der freien Natur verherrlicht werden konnte und dabei das Tagewerk der Hirten – nicht allerdings ihr nächtlicher Wachtdienst – zu einer romantischen Szenerie verklärt wurde. An den Verhältnissen in Palästina haben solche Bilder, wie sie etwa in den Villen Pompejis ans Tageslicht gekommen sind, keinen Anhalt. Aber man sollte von den Hirten auch alles sozialkritische Mitleid fernhalten, das glaubt, in ihnen die Ausgestoßenen und Ärmsten der Gesellschaft finden zu können, die Obdachlosen oder auch die potentiellen Verbrecher. Der Erzähler unserer Geschichte denkt nicht daran, die Hirten in das Lumpengewand des palästinischen Proletariats zu kleiden. Auch wenn es nicht zutreffen sollte, dass wir uns die Hirten als Bewohner Bethlehems und als Eigentümer jenes Hauses vorzustellen haben, in dem das Kind geboren wird und in dessen Futterkrippe die Hirten nach dem Kind suchen, so sind die Hirten doch keine Tagelöhner, sondern die Eigentümer der Herde nicht anders als die Beduinen, die heute im Feld um Bethlehem und über den Abhängen des Toten Meeres ihre Schafe und Ziegen weiden. Wir müssen die Hirtenszene so aufnehmen, wie sie der damalige Leser und Hörer auffasste, also der fromme, mit seiner Bibel vertraute Christ in der zweiten oder dritten christlichen Generation. Er nämlich erinnerte sich daran, was im Ersten Buch Samuel (16,11f; vgl. Ps 78,70f) berichtet wird. Danach wurde einst der Prophet Samuel nach Bethlehem gesandt, um unter den Söhnen Isais den kommenden König zu salben. Isai stellte dem Propheten der Reihe nach seine sieben Söhne vor, doch Samuel salbte keinen von ihnen. Und als er fragte: „Sind das der Knaben alle?", räumte Isai ein, dass der jüngste seiner Söhne, David, noch auf dem Felde sei und die Schafe hütete. Er wurde von seiner Herde weg nach Bethlehem gerufen, und er wurde der neue König von Israel, aus dessen Haus und Geschlecht auch Jesus abstammte, sozusagen abstammen musste. Denn was Augustus für die Römer war, das war David für die Juden: Der große Herrscher, dessen Person und Regiment man rückblickend in einem herrlichen Glanz wahrnahm, nach dem man sich als nach der goldenen Zeit zurücksehnte, und aus dessen Nachkommen man den neuen David erwartete, den König der Heilszeit, den Heiland der Welt, eben den, dessen Geburt aus dem Geschlecht und in der Stadt Davids die Engel den Hirten verkündigten.

Damit haben wir Zentrum und Höhepunkt unserer Erzählung erreicht. Wir treffen auf die Hirten, wie sie nachts im freien Feld ihre Herde hüten, weil nur dort der Himmel sich öffnen, der himmlische Glanz sie allseits umstrahlen und das Heer der Engel ihnen begegnen kann. Und während von dem Gebot des Augustus gesagt wird, er habe aller Welt den Census verordnet und damit den Menschen neue bedrückende Steuern auferlegt und ihre alltäglichen Lasten vermehrt, lautet die Botschaft des Engels: „Siehe, ich verkündige euch große Freude", und auch von dieser Freude heißt es wie von dem kaiserlichen Gebot, das sich an den ganzen Weltkreis richtet, dass sie „allem Volk" widerfahren wird. Damit haben wir zugleich den Schlüssel gefunden, der uns das Verständnis unserer Erzählung aufschließen kann. Dieser Schlüssel ist die spannungsvolle Entsprechung zwischen dem Gebot des Kaisers und der Botschaft des Engels, das Gegenüber von irdischer Herrschermacht und himmlischer Verheißung, die Kluft zwischen Last und Not und göttlicher Freude.

Damit dieser Schlüssel auch wirklich aufschließt, müssen wir uns etwas näher umsehen in der römischen Kaiserzeit, die mit dem Kaiser Augustus begann und zur Zeit unseres Erzählers wohl schon über die Regentschaft von Nero (54–58) bis zu Domitian (81–96) fortgeschritten war, also in einer Zeit, in der die blutige Verfolgung der christlichen Gemeinde bereits bittere Erfahrung geworden war. Vieles aus dieser Zeit erscheint uns sehr modern. In der Kaiserzeit stiegen die öffentlichen Lasten laufend an. Eine riesige Grenze musste von Rhein und Donau bis zum Euphrat verteidigt, ein großes stehendes Herr unterhalten, ein bürokratischer Riesenapparat unterhalten, das Verkehrswesen und die Nachrichtenverbindungen ausgebaut, die kaiserliche Hofhaltung bezahlt, zahllose Beamte und Steuereinnehmer besoldet werden. Die Bauindustrie boomte, und die noch heute eindrucksvollen öffentlichen Bauten, die Theater, die Tempel, die Bibliotheken, die Sportstätten, wollten nicht nur geschaffen, sondern auch unterhalten und die wachsenden sozialen Ansprüche einer Wohlstandsgesellschaft erfüllt werden. *Panem et circenses* – Brot und Spiele – war der ständige Ruf der römischen Bürger, den die Kaiser zu erhören hatten, war ihnen ihre Macht und ihr Leben lieb. Mit jedem neuen *Census* griff die öffentliche Hand nach einem größeren Anteil am stets wachsenden Sozialprodukt. Die Klagen der Provinzen über das, was Rom aus ihnen herauspresste, wuchsen um so mehr, je stärker die Erinnerung an die Schrecken des Bürgerkrieges verblasste, als jeder nahm, was er wollte, und niemand seines Lebens sicher war; Augustus hatte ihnen mit starker Hand ein Ende gemacht. Das Gebot, „dass alle Welt geschätzet würde", also der kaiserliche *Census*, war inmitten aller glanzvollen Zeiten der Kaiserzeit der Schrecken der Welt. Darum wusste jeder, wovon die Rede war, wenn die Weihnachtsgeschichte anhebt: „Es geschah in jenen Tagen, dass ein Gebot vom Kaiser Augustus ausging, der ganze Weltkreis müsse sich in Steuerlisten eintragen lassen." Was in „jenen Tagen" geschah, geschah auch noch in den Tagen, in denen unsere Erzählung aufgeschrieben wurde, und was zur Zeit des Augustus an Lasten noch erträglich war, erschien den nun Lebenden kaum noch zumutbar.

Freilich hatte diese Situation auch eine andere Seite, und auch diese andere Seite spricht unsere Erzählung deutlich an: Den Frieden auf Erden. Augustus, der damals noch Octavian hieß, hatte mit starker Hand den Bürgerkrieg beendet, der nach der Ermordung Cäsars schrecklich gewütet hatte. Das war sein größter Ruhm, der im ganzen 1. Jahrhundert der christlichen Zeitrechnung im ganzen Weltkreis besungen wurde und ihm den Titel *Augustus* – der Erhabene – einbrachte. Er war der Friedenskaiser. Ihm verdankte man die *pax romana,* den römischen Frieden, die *pax Augusta,* wie es bald hieß, die *pax perpetua,* den ewigen Frieden, den man erreicht zu haben glaubte. Mitten im Bürgerkrieg noch, im Jahr 42 oder 41 v.Chr., dichtete Vergil seine 4. Ekloge, kündigte die Geburt eines göttergleichen Friedensfürsten an und nährte die Hoffnung auf ein anbrechendes Friedensreich – wie manche Forscher meinen: in der Hoffnung auf Octavian und auf sein Haus. Später dichtete er in der Äneis (VI 791f), die nach seinem frühen Tod auf Anordnung des Augustus veröffentlicht wurde: „Dies ist der Mann, dies ist er, der längst den Vätern Verheißene, Kaiser Augustus, Sohn Gottes und Bringer der Goldenen Endzeit". Als Augustus nach dem Ende des Bürgerkrieges im Jahre 29 v.Chr. nach Rom zurückkehrte, war seine erste Handlung, auf Anordnung des Senats den Janustempel zu schließen, den Tempel des Kriegsgottes. Im Jahre 17 v.Chr. weckte er einen vergessenen Brauch auf und veranstaltete eine Säkularfeier, mit der das alte Jahrhundert des Krieges begraben und ein neues Zeitalter heraufgeführt werden sollte, die Zeit des Heils und des immerwährenden Friedens. Vier Jahre später wurde die *ara pacis Augustae* gestiftet, der Altar der Göttin des augusteischen Friedens, und nach vierjähriger Bauzeit im Jahre 9 v.Chr. eingeweiht. Wer Rom besucht, versäumt es selten, diesen nach seiner Ausgrabung 1937 wiedererrichteten Friedensaltar zu besichtigen. Er stand auf dem Marsfeld, einem dem Kriegsgott geweihten ehemaligen Exerzierplatz im Norden Roms, inmitten der gewaltigen Sonnenuhr, die Augustus hatte errichten lassen und die, groß wie ein Fußballplatz, flach auf der Erde lag, und zwar in der Weise, dass am Geburtstag des Kaisers, dem Tag der Tag- und Nachtgleiche am 23. September, der Schatten eines mit einer Goldkugel gekrönten 30 Meter hohen Obelisken, der, von Augustus aus Ägypten herbeigeschafft und noch heute in Rom zu besichtigen, als Zeiger der Sonnenuhr diente, mit seiner Spitze genau zur Mitte des im Osten des Uhrblattes stehenden Friedensaltars wanderte und anzeigte, dass Augustus als Friedenskaiser geboren worden war.

Aus allen Teilen des Weltreiches klingt das Lob dessen, der nach langen Jahren des Schreckens dem Erdkreis Ruhe, Wohlstand und die anderen Segnungen des Friedens zurückgegeben hat. Die Mauern der Städte zerfielen, Handel und Wandel breiteten sich aus, Straßen und Meere waren sicher. Der Wohlstand wuchs, der Tourismus blühte, der Luxus nahm zu. Ein zeitgenössisches Urteil, das für viele steht, lautet: „Das ganze Festland ist ruhig ... Griechen und Barbaren sprechen dieselbe Sprache. Die Herrschaft ist wie ein Schiff oder wie eine Mauer fest und stark ... Welcher Zustand wäre wohl besser und nützlicher? Können nicht alle ohne Furcht reisen, wohin sie wollen? Jetzt sind die Feste glänzender und die Feiertage den Göttern angenehmer ... O Licht des menschlichen Glücks. Jetzt sind alle Menschen überzeugt, das wahre Glück gefunden zu haben." (Aelius Aristides 35, 36–38)

Augustus, Kaiser und Gott

Was bedeutet es, dass auch der Erzähler der Weihnachtsgeschichte auf dem Höhepunkt seiner Erzählung den Chor der Engel das „Friede auf Erden", das politische Schlagwort seiner Zeit, auf dem Hirtenfeld anstimmen lässt? Mit dieser Frage nähern wir uns der Antwort auf die zentrale Frage, welche bedeutungsvolle Deutung des weihnachtlichen Geschehens der Erzähler in seiner Geschichte zum Ausdruck bringen wollte. Nun ist nicht unbekannt, dass der Wortlaut des Lobgesangs der himmlischen Heerscharen in unseren Handschriften an einer Stelle voneinander abweicht. Es sind freilich nur zwei oder drei Buchstaben, die nicht gleich lauten, aber diese wenigen Buchstaben verschieben den Sinn recht kräftig. Das „Ehre sei Gott in der Höhe und Friede auf Erden" ist freilich unstrittig überliefert. Aber die den Lobpreis abschließenden Worte lauten in einigen lateinischen Handschriften, die den Wortlaut in der römisch-katholischen Tradition bestimmt haben, „Friede auf Erden unter den Menschen guten Willens". Allerdings stellt dieser Wortlaut mit Sicherheit nicht den Urtext dar; er wird darum auch in den neueren Übersetzungen nirgendwo mehr aufgenommen. Luther hat in der Ausgabe des griechischen Textes, aus dem er schöpfte, gelesen: „Friede auf Erden und den Menschen ein Wohlgefallen", und mit diesem Wortlaut, der den Lobgesang in drei Zeilen gliedert, hat der Hymnus Eingang in den evangelischen Gottesdienst gefunden. Er kommt dem ursprünglichen Sinn näher, entspricht aber gleichfalls nicht dem originalen Text. Dieser findet sich in unseren ältesten Handschriften, die zum Teil erst seit dem 19. Jahrhundert bekannt sind, und der seitdem in den wissenschaftlichen Ausgaben des griechischen Neuen Testaments begegnet. Er lautet: „Friede auf Erden unter den Menschen seines Wohlgefallens." Dass dieser ursprüngliche Wortlaut später von manchen Abschreibern bewusst oder unbewusst abgewandelt wurde, hängt vermutlich damit zusammen, dass sein Sinn sich nicht sofort erschließt, zumal die Wendung „Menschen seines Wohlgefallens" bis vor kurzer Zeit aus keiner anderen jüdischen oder frühchristlichen Schrift bekannt war. Die Schriften der jüdischen Essener, die nach dem letzten Krieg in Höhlen am Toten Meer entdeckt worden sind – die Rollen von Qumran –, enthalten indessen in ihren Lobliedern mehrmals diese Wendung, und deren Sinn steht damit inzwischen außer Frage. Die „Kinder seines Wohlgefallens" sind jene Menschen, auf denen Gottes Wohlgefallen ruht und denen er seinen Frieden mitteilt, weil sie ihm, dem Gott in der Höhe, die Ehre geben:

„Ehre sei Gott in der Höhe
und Friede auf Erden unter den Menschen seines Wohlgefallens",

so lautet also der zweigliedrige Lobpreis der Engelschar. Das politische Schlagwort jener Tage, das Lob des römischen Friedens, wird von zwei Aussagen eingerahmt, gleichsam unter zwei Bedingungen gestellt oder von zwei Voraussetzungen begrenzt: „Ehre sei Gott in der Höhe" und „unter den Menschen seines Wohlgefallens".

Um die damit sichtbar werdenden Zusammenhänge hinreichend zu erfassen, müssen wir uns mit einem Text vertraut machen, der bei Ausgrabungen in den letzten beiden Jahrhunderten, mehr oder weniger bruchstückhaft, in mehreren Städten der römischen Provinz Asien, also in der heutigen Westtürkei, ans Licht gekommen ist. Wir kennen diesen Text, eine öffentlich aufgestellte Inschrift, aus Apameia, Eumeneia, Dorylaion, Pergamon und – am besten erhalten – aus der hoch am Berghang unweit der Insel Samos gelegenen Stadt Priene, weshalb der Text als ‚Inschrift von Priene' in der Wissenschaft bekannt ist.

Hintergrund und Anlass dieser Inschrift ist ein gemeinsamer Beschluss der genannten und anderer griechischer Städte in der Provinz Asien, die durch eine Art Landtag locker miteinander verbunden waren, den Jahresanfang auf den Geburtstag des Kaisers Augustus zu verlegen. Im Jahre 30 v.Chr. hatte man den 23.9., den Tag der Tag- und Nachtgleiche, als diesen Geburtstag bestimmt, und seitdem wurde an diesem Termin ‚Kaisers Geburtstag' überall im römischen Reich festlich begangen. Vermutlich wurde der Beschluss der asiatischen Städte, den Jahresanfang auf diesen Geburtstagstermin zu legen, im Jahre 9 v.Chr. gefasst, als in Rom der Friedensaltar des Augustus, die *ara pacis,* mit seinem bedeutungsvollen Hinweis auf den 23. September eingeweiht wurde. Er wurde mitsamt seiner Begründung zum Ruhm des Kaisers öffentlich bekannt gemacht. Einige besonders signifikante Berührungen mit unserer Weihnachtsgeschichte werden in der folgenden Wiedergabe der Inschrift hervorgehoben.

Wäre dieser Tag – also der Geburtstag des Kaisers – nicht gekommen, der *aller Welt* („dass alle Welt geschätzet würde") ein neues Aussehen gegeben hat, so wäre die Welt dem Untergang verfallen. „Denn" – so heißt es nun wörtlich –

„richtig urteilt, wer in diesem Geburtstag den Anfang des Lebens und aller Lebenskräfte für sich erkennt; nun endlich ist die Zeit vorbei, da man es bereuen musste, geboren zu sein. Von keinem anderen Tag empfängt der Einzelne und die Gesamtheit so viel Gutes wie von diesem allen Menschen gleich glücklichen Geburtstag ... Unmöglich ist es, in gebührender Weise Dank zu sagen für die so großen Wohltaten, welche dieser Tag gebracht hat ... Die Vorsehung, die über allem Leben waltet, hat den Augustus zum Heil der Menschen mit solchen Gaben geschmückt (‚... Freude, die allem Volk widerfahren wird‘), dass sie ihn uns und den kommenden Geschlechtern als Heiland (‚Euch ist heute ein Heiland geboren‘) gesandt hat. Allem Krieg wird er ein Ende machen (‚Friede auf Erden‘) und alles herrlich ausgestalten. In der Erscheinung des Kaisers sind die Hoffnungen der Vorfahren erfüllt (‚aus dem Hause und Geschlechte Davids‘). Er hat nicht nur die früheren Wohltäter der Menschheit sämtlich übertroffen, sondern es ist auch unmöglich, dass je ein größerer käme. Der Geburtstag des Gottes hat für die Welt die an ihn (den Geburtstag) sich knüpfenden Freudenbotschaften (‚Evangelien‘) heraufgeführt (‚Siehe, ich verkündige euch große Freude‘)."

Ein verwandter Text aus etwas späterer Zeit stammt aus Halikarnass, einer gleichfalls in der Provinz Asien gelegenen griechisch-römischen Stadt: „Da das ewige und unsterbliche Allwesen den Menschen das höchste Gut für überschwängliche Wohltat schenkte, uns das allerglücklichste Leben bringend, den Kaiser Augustus, den Vater seines Vaterlandes, des göttlichen Rom, den väterlichen Zeus und den Heiland des ganzen Menschengeschlechts, hat die Vorsehung die Gebete aller nicht nur erfüllt, sondern auch übertroffen; Erde und Meer nämlich kommen zum Frieden, Städte blühen in guter Ordnung, Eintracht und Glück; es ist die Zeit, in der alles Gute wächst und gedeiht, die schönsten Hoffnungen auf die Zukunft, die Heiterkeit im Blick auf die Gegenwart ...". Bereits aus dem Jahre 48 v.Chr. stammt ein verwandter öffentlicher Lobpreis aus der gleichen Provinz, der auf einer Steintafel in Ephesus erhalten blieb und schon Cäsar, den Ur-Kaiser und Adoptivvater des Augustus, den „von Ares und Aphrodite stammenden Gott" nennt, der auf Erden erschienen sei, „den allgemeinen Heiland des menschlichen Lebens". Ein ägyptischer Papyrusbrief nennt Augustus im Jahre 49 n.Chr. formelhaft „den unbesiegten Gott und großen Heiland".

Solche einzelnen Zeugnisse geben eine breite Stimmungslage der frühen Kaiserzeit wieder, aus der auch die Weihnachtsgeschichte des Lukasevangeliums stammt; oder besser: sie verraten die politische Sprachregelung einer Friedenspropaganda, die vom kaiserlichen Hof sorgfältig gesteuert wurde, um die mit der segensreichen Herrschaft des Kaisers verbundenen Lasten erträglich zu machen. Mit dem Tag der Geburt des schon zu seinen Lebzeiten göttlich verehrten Kaisers begann für alle Welt die Erfüllung der von den früheren Generationen gehegten Hoffnungen, die Wende zur Zeit des ewigen Friedens, das Ende der Daseinsfurcht. Augustus ist der Weltheiland; das Gedächtnis seiner Geburt wird zum Ausgangspunkt der Freudenbotschaft, dass nunmehr der Friede auf Erden regieren wird und die Zeit des Heils begonnen hat. Im Jahre 42 v.Chr., also bald nach seiner Ermordung, wurde Julius Cäsar als *divus Iulius* unter die römischen Staatsgötter aufgenommen. Im Hinblick darauf nannte sich sein Adoptivsohn Oktavian, der spätere Kaiser Augustus, *Divi Filius,* Sohn des Göttlichen oder Gottessohn, ein Titel, der dem Orient für die vergöttlichten Herrscher seit Jahrhunderten vertraut war. In der Stadt Rom hat Augustus zwar zu Lebzeiten seine Verehrung als Gott oder als Gottessohn abgelehnt, weil sie dem herkömmlichen römischen Empfinden widersprach. Aber in den Provinzen vor allem des Ostens, also auch in Kleinasien, hat er sie sich gefallen lassen, wie die zitierten Inschriften zeigen. ‚Heiland' *(Soter)* war dort seit der Zeit Alexander des Großen der bevorzugte Titel für den göttlichen Herrscher. Augustus ließ es auch zu, dass überall in den Provinzen Tempel für ihn und die Göttin Roma errichtet wurden; er wollte zwar nur als Vertreter Roms verehrt werden, aber in dieser Weise ließ er sich die göttlichen Ehren gefallen, mit denen man ihm in Kleinasien, in Ägypten, im Zweistromland, aber auch in Gallien huldigte, während sich zugleich in der Stadt Rom selbst der Kult seiner *Genius* ausbreitet, seines göttlichen Schutzgeistes und Machtgebers, der dem römischen Empfinden mehr entsprach. „Heiland des gesamten Menschengeschlechts" ist Ehrentitel der Kaiser von Augustus bis Konstantin.

Die Weihnachtsbotschaft

Welch feine Ironie liegt schon darin, dass Augustus, der als Heiland der Welt verehrte Kaiser, in der Weihnachtsgeschichte nicht als solcher, sondern als derjenige eingeführt und vorgestellt wird, der für alle Welt den drückenden Census befiehlt: „... dass alle Welt sich in Steuerlisten eintragen lassen müsse", und eine Ironie liegt auch darin, dass eben dieses Gebot des Kaisers zum Anlass wird, Josef und Maria auf den Weg in das kleine Städtchen Bethlehem zu führen, damit in einem abgelegenen und unbekannten Winkel des römischen Weltreichs und unter nicht eben glänzenden Umständen, wohl aber in der Stadt Davids der, wie unser Erzähler überzeugt ist, wahre Heiland der Welt geboren wird, dessen Geburt in der Tat nicht nur eine neue Zeitrechnung, sondern auch ein neues Zeitalter heraufgeführt hat.

Dieser Erzähler bleibt uns, wie schon festgestellt wurde, unbekannt. Aber auch abgesehen von den bisherigen Beobachtungen spricht aus mancherlei Gründen, auf die in unserem Zusammenhang nicht eingegangen werden kann, alles dafür, dass er in der römischen Provinz Asien zuhause war und demzufolge Inschriften, wie wir sie kennen gelernt haben, von Kind an unmittelbar vor Augen gehabt hatte und gewohnt war, das bürgerliche Jahr mit dem Geburtstag des Augustus zu beginnen. Er kannte darum auch die hymnischen Neujahrsreden, die man aus solchem Anlass zu halten pflegte, wie uns auch heute die Neujahrsansprachen der führenden Politiker zum Jahreswechsel begleiten. Jedenfalls war er mit der Propagandasprache der kaiserzeitlichen Politik bestens vertraut, und indem er diese Sprache aufgreift, als er die Geschichte von der Geburt des Weltheilands und Friedensherrschers Jesus von Nazareth erzählt, gelingt es ihm, mit der Verkündigung seiner eigenen Botschaft die Kritik an der politischen Theologie seiner Zeit so zu verbinden, dass sie für jeden, der hören wollte, unüberhörbar wird und zugleich den Zugang zu der weihnachtlichen Botschaft öffnet.

Natürlich wendet sich unser unbekannter Erzähler nicht gegen den Friedenswunsch der Völker, gegen die Friedensbemühungen der Kaiser und gegen das Lob einer erfolgreichen Friedenspolitik. Er redet keineswegs der Politikverdrossenheit das Wort, und insofern ist es auch nicht ungewöhnlich, dass in der Mitte des 2. christlichen Jahrhunderts der Bischof Melito aus der kleinasiatischen Stadt Sardes das blutig verfolgte Christentum gegenüber dem Kaiser Marc Aurel mit dem Hinweis verteidigt – er hat dabei unsere Weihnachtsgeschichte vor Augen – dass die christliche Religion während der Herrschaft des Augustus ihren Anfang genommen habe und zugleich mit dem römischen Imperium groß geworden sei und dass in dieser ganzen Zeit auch dem römischen Reich nichts Schlimmes widerfahren ist. Die Christen werden schon früh angehalten, für den Frieden zu danken, auch selbst friedfertig zu leben, ihre Steuern pünktlich zu zahlen und für alle Menschen, insonderheit aber für die Könige und Herrscher zu beten, „damit wir ein ruhiges und stilles Leben führen können in aller Gottesfurcht und Ehrbarkeit" (1Tim 2,1f). Darum war es ihnen auch selbstverständlich, dass sich Josef und Maria auf den Befehl des Kaisers hin auf ihren beschwerlichen Weg begaben, um sich für die Steuer einschätzen zu lassen, während doch zur gleichen Zeit in Palästina schon viele Eiferer, die *Zeloten*, am Werk waren, den Aufstand gegen die römische Herrschaft vorzubereiten, an dem die Christen, als er schließlich ausbrach, sich dann auch nicht beteiligten. Manche Ausleger meinen sogar, der Gehorsam von Maria und Josef gegenüber dem Gebot des Kaisers Augustus solle als Aufforderung an die Christen in den Tagen unseres Erzählers verstanden werden, trotz aller Unterdrückung und Verfolgung den Gehorsam gegenüber der Obrigkeit in Rom nicht aufzugeben und die geforderten Lasten zu tragen, und in der Tat ist die Mahnung, dem Kaiser zu geben, was des Kaisers ist (Mk 12,17), nämlich „Steuer, dem die Steuer gebührt", und „Zoll, dem der Zoll gebührt" (Röm 13,7), in der frühchristlichen Literatur überall zu finden.

Aber auch wenn es sich so verhält, steht am Anfang unserer Erzählung dennoch nicht von ungefähr der deutliche Hinweis auf den *Census* des Kaisers Augustus, ein essigsaurer Guss in den süßen Wein der offiziellen Freude- und Friedens-Propaganda. Der römische Friede war teuer und er wurde von Kaiser zu Kaiser teurer. Und er war ständig bedroht, und zwar schon zur Zeit des Augustus, der noch selbst erleben musste, wie im Jahre 9 n.Chr. drei Legionen und sein Feldherr Varus im Teutoburger Wald untergingen, erst recht aber zwei oder drei Generationen später, als unsere Erzählung aufgezeichnet wurde. Ringsum an den Grenzen standen die römischen Heere in ständiger Wachsamkeit und in hier und dort stets neu aufflammenden Kämpfen. Der Erzähler blickt auch wohl schon auf den langjährigen jüdischen Aufstand und die Zerstörung Jerusalems im Jahre 70 zurück. Der Friede beruhte auf der Macht der römischen Waffen und auf der Abschreckung der inneren und der äußeren Gegner. Man bezahlte für ihn mit manchen Freiheiten; denn war Augustus auch kein Tyrann, so doch ein Autokrat, der den Gehorsam notfalls mit harter Hand erzwang. Und man bezahlte für ihn mit Geld, und wer keinen Einfluss besaß, war der Willkür der Steuereinnehmer oft hilflos ausgeliefert. Das öffentliche Lob der kaiserlichen Politik, das ohne Frage mehr als nur Schaumschlägerei und liebedienerische Unterwürfigkeit war, verdeckte, dass die ersten Jahrhunderte nach Christi Geburt zugleich eine Zeit des Fatalismus und des Pessimismus, auch des Zerfalls politischer Kultur und vielfältiger Resignation war.

Es ist allerdings nicht nur und nicht einmal vor allem die Brüchigkeit alles irdischen Friedens als solche, die den Erzähler der Weihnachtsgeschichte zur Kritik herausfordert. Vielmehr wendet er sich im Zusammenhang mit solcher Kritik vor allem gegen die politische Theologie, die sich mit der Friedenspolitik und der Friedenspropaganda der Kaiser verbinden. ‚Politische Theologie' ist ein bereits antiker Fachausdruck. Man unterschied (Varro, bei Augustin, de civitate

Dei 6,5) sie von der ‚mythischen' Theologie der Dichter, vor allem des Homer, und der ‚physischen' Theologie der Philosophen und Gebildeten und bezeichnete mit ihr die aus Gründen der Staatsraison und der Gesellschaftsordnung benötigten theologischen Gedanken und kultischen Handlungen. In der politischen Theologie der Kaiserzeit wurde der alle Welt verbindende politische Gedanke des römischen Friedens, der *pax Augusta,* durch die Vergöttlichung des Kaisers als ‚Heiland der Welt' theologisch überhöht. Für diese politische Theologie fielen das Heil der Welt und der Friede des Augustus zusammen. Damit wurde die kaiserliche Politik zur unmittelbar sinngebenden Macht des menschlichen Daseins, das angemessene politische Handeln zum Heilsgeschehen, der Mensch, durch den vergöttlichten Kaiser repräsentiert, zu seinem eigenen Erlöser. Die kaiserliche Propaganda war das Evangelium der Zeit. Wo immer der römische Friede scheiterte, die Grenze blutig verteidigt werden musste, unterdrückte Völker den Aufstand versuchten, soziale Spannungen sich entluden und der politische Zwang sich zeigte, mit dem der Friede erkauft wurde, da scheiterte mehr als ein Regierungsprogramm: Da starb der Gott, da ging das Heil verloren, da wurde eine frohe Botschaft unglaubwürdig, da verschwand der Sinn aus dem Dasein der Menschen, die eine kluge Politik mit der Weisheit Gottes gleichsetzen sollten.

Wir können diesen Sachverhalt auch noch tiefgründiger einschätzen. Unser Erzähler hat mit der frühen Christenheit überhaupt die Tiefe der Sünde ausgelotet und begriffen, dass diese Tiefe nicht schon dort erreicht wird, wo man des Bösen unmittelbar ansichtig wird, sondern erst dort, wo sich die Tollheit im Guten zeigt. Wo der Mensch seine Grenzen nicht mehr wahrnimmt und sich zum Übermenschen macht, der glaubt, das ganz Gute erreichen zu können, ist das ganz Böse nicht weit entfernt; denn der gute Zweck pflegt dann auch die schlimmsten Mittel zu heiligen. Wer den großen Sieg vor Augen hat und für erreichbar hält, der achtet der Opfer nicht, die das letzte Gefecht kostet. Er wird in dem Wahn, die Menschheit zum Licht empor zu führen und von allem Bösen zu erlösen, weiter marschieren, bis alles in Scherben fällt.

Gewiss, Augustus war nicht Hitler und nicht Stalin. Sein Nachfolger Caligula, ‚Kaiser und Gott‘ oder Nero, der Mutter, Frau und Bruder umbrachte und sich amüsierte, als Rom in Flammen stand, gleichen den verbrecherischen Herrschern unserer jüngsten Vergangenheit schon eher, und sie erhielten doch zu Lebzeiten ihre Altäre und den Weihrauch willfähriger Untertanen. Aber unser Erzähler macht das Unheil der menschlichen Überheblichkeit und Selbstvergottung nicht erst dort sichtbar, wo es schon vor jedermanns Augen liegt, sondern er erblickt es schon angesichts der glänzenden Regentschaft des Kaisers Augustus, als es sich noch hinter dem rosigen Schleier der Hoffnung verbarg, das Böse sei besiegt und der Friede auf Erden bringe nun den Menschen auch Zufriedenheit, bringe Glück, Freiheit und Gerechtigkeit, bringe die Fülle des Lebens, bringe letzte Wahrheit und ewiges Heil. Er macht es sich also nicht leicht, sondern deckt die menschliche Hybris dort auf, wo sie im Guten mehr als im Bösen triumphiert.

Er erkennt die Brüchigkeit jener Hoffnung auf ein irdisches Reich ewigen Friedens, weil er ein anderes Evangelium als die kaiserliche Propaganda zu verkündigen hat. Zu einer Zeit, in der man von Augustus erzählte, dass er von Apoll gezeugt worden sei und als Säugling seine Wiege verlassen habe und auf einem hohen Turm gefunden wurde, das Gesicht der aufgehenden Sonne zugekehrt, lenkt er den Blick in einen abgelegenen Winkel des Reiches, auf ein bescheidenes Ehepaar, das dem Befehl des Kaisers gehorchen muss, zu den Hirten auf dem Felde, in einen Stall und auf eine Viehkrippe und auf ein ohnmächtiges Kind, das seinen irdischen Weg an einem Kreuz, dem schimpflichen römischen Galgen, vollenden wird. Und seine Botschaft, die aus diesen Bildern spricht, lautet, dass das heilvolle „Fürchtet euch nicht; siehe, ich verkündige euch große Freude" und die Ohnmacht des Menschen zusammengehören, wie auf der anderen Seite das Unheil unausweichlich einbricht, wo der Mensch sich zu göttlichen Ehren erhebt. Darum beginnt der Lobgesang der Engel mit der Aufforderung „Ehre sei Gott in der Höhe", die sich mit Bedacht gegen die Erhebung von Menschen zu göttlichen Ehren wendet, und dieser Aufforderung zu folgen, hält unser Erzähler für die Voraussetzung des wahren Friedens auf Erden, der freilich mehr bedeutet als die Abwesenheit von Krieg. Der weihnachtliche Friede ist höher als alle Vernunft und hat darum auch noch inmitten alles Unfriedens Bestand. Doch da solche Ehrerbietung gegenüber dem wahren Gott, dem Gott in der Höhe, nicht jedem Menschen einleuchtet oder gelingt, gilt von dem weihnachtlichen Frieden zugleich, dass er nicht herstellbar ist wie der Friede des Augustus und über Gerechte und Ungerechte gleichermaßen seine Gaben ausgießt, sondern die „Menschen seines – des göttlichen – Wohlgefallens" tröstet und regiert, also diejenigen, auf denen Gottes Wohlgefallen ruht, weil sie ihm die Ehre geben. Der weihnachtliche Friede soll *allem Volk* widerfahren, aber er muss von jedem Menschen selbst ergriffen werden.

Der Weg der kleinen Menschengötter endet immer in der großen Katastrophe. Diese Kunde zu verstehen, fällt, so dünkt mich, einer Generation nicht schwer, die sich daran erinnert, wie sich in der Mitte des 20. Jahrhunderts inmitten Europas eine solche Katastrophe vollendete, und die zugleich das schreiende Elend vor Augen hat, das eine Weltanschauung hinterließ, die auf dem Wege einer proletarischen Revolution in aller Welt alles zum Besten verändern wollte und alle Menschen auf den Weg zur Sonne, zur Freiheit rief. Wir haben erfahren, dass das Ja zum Übermenschen das Nein zum Menschen ist.

Ob wir aber auch die andere Botschaft vernehmen und aufnehmen, also das „Fürchtet euch nicht; siehe, ich verkündige euch große Freude", und das „Ehre sei Gott in der Höhe und Friede auf Erden unter den Menschen seines Wohlgefallens", ob wir also auch dies erfahren, dass Gott den Hoffärtigen widersteht, aber den demütigen Gnade schenkt, ob also der weihnachtliche Friede in unsere Herzen einzieht, das ist keine Angelegenheit der Erfahrung mehr und auch nicht der Vernunft, sondern des Glaubens. Der weihnachtliche Friede kann deshalb nur als Geschenk empfangen werden.

Die Weihnachtsgeschichte des Matthäusevangeliums

*Könige aus Morgenlanden kamen
reich und hoch geritten*

In den weihnachtlichen Erzählungen und Gedichten, den Bildern und den Liedern und in den Krippenspielen vermischen sich in der Regel die beiden biblischen Weihnachtsgeschichten miteinander, nämlich die Geschichte des Lukasevangeliums, die eigentliche Geburtsgeschichte, die von der Reise Marias und Josefs nach Bethlehem zur Zeit des Kaisers Augustus, von der Geburt im Stall, von der Engelsbotschaft auf dem Hirtenfeld und von der Anbetung durch die Hirten berichtet, und die Geschichte des Matthäusevangeliums mit der Reise der Sterndeuter aus dem Morgenland nach Jerusalem, ihrer Begegnung mit dem König Herodes und ihrer Huldigung vor dem Kind, das inzwischen, wie Mt 2,16 verrät, auf dem Schoß der Mutter sitzt und vielleicht auch schon laufen gelernt hat. Natürlich steht beide Mal das Kind im Mittelpunkt, und wir begegnen ihm beide Mal mit seinen Eltern Maria und Josef und beide Mal in Bethlehem. Im Übrigen aber sind beide Erzählungen durchaus selbständig und ohne Beziehung aufeinander entstanden; sie überschneiden sich nicht, so dass sie sich auch in der gewohnten Weise gut und glücklich ergänzen lassen. Ihre jeweilige Eigenart büßen sie dabei allerdings leicht ein, und vor allem die Geschichte, die der Evangelist Matthäus berichtet, verliert viel von ihrem Eigengewicht.

Die Erzählung: Sieben Szenen

Nicht anders als bei der lukanischen Weihnachtsgeschichte haben wir es auch bei der matthäischen, die wir in Mt 2,1–23 lesen, mit einer kunstvoll gestalteten Legende zu tun. Sie umfasst sieben in sich jeweils abgeschlossene Szenen, jede einzelne in der Einheit von Ort und Zeit gestaltet, weshalb sie uns in Erinnerung an so manche von Szene zu Szene fortschreitenden Darstellung der alten Maler auch anschaulich vor Augen tritt, wenn wir sie hören.

Die Erzählung ist wie eine Pyramide aufgebaut: Die mittlere Szene bildet deutlich den Höhepunkt, die Spitze. Aber dieser Höhepunkt bedarf zu seinem Verständnis der drei Szenen, die zu ihm aufsteigen, und der anderen drei, die ihm folgen. ‚Sieben' ist natürlich eine heilige Zahl; sie erhebt den Zyklus der Erzählung aus dem bloß Anschaulichen und Ästhetischen in den Bereich des Bedeutungsvollen. Vier der sieben Szenen verankern das Geschehen ausdrücklich im Alten Testament, indem sie im Schema von Verheißung und Erfüllung auf eine Schriftstelle verweisen. Diese Verweise sind durchaus bedeutungsvoll; denn sie bringen zum Ausdruck, dass es der von den Propheten angekündigte und vom Volk Israel erwartete Messias ist, der als Heiland der Welt in Bethlehem geboren wird. Sie erhellen aber nicht unmittelbar den Gang des Geschehens und deuten es im Übrigen nicht; sie werden deshalb in der folgenden Wiedergabe der Erzählung ausgelassen.

Die 1. Szene führt den Leser in eine Zeit nach der bereits erfolgten Geburt Jesu und lässt mit der naiven Frage der wie Touristen aus fremdem Land kommenden Sterndeuter von dem dramatischen Fortgang der Ereignisse noch kaum etwas ahnen:

„(2,1) Als Jesus zur Zeit des Königs Herodes in Bethlehem in Judäa geboren worden war, kamen Sterndeuter aus dem Morgenland nach Jerusalem und fragten: (2) Wo ist der neugeborene König der Juden? Wir haben nämlich gesehen, wie sein Stern aufging, und sind gekommen, ihm zu huldigen."

In der 2. Szene tritt Herodes auf, der altgeborene König der Juden, den schon die Zeitgenossen ‚den Großen' nannten und zugleich als den Schrecklichen kannten:

„(3) Als der König Herodes das hörte, erschrak er und mit ihm ganz Jerusalem. (4) Er ließ alle Oberpriester und Schriftgelehrten des Volkes zusammenkommen, um von ihnen zu erfahren, wo der Messias geboren werden sollte. (5) Sie sagten zu ihm: In Bethlehem in Judäa; denn so steht es geschrieben beim Propheten."

Die 3. Szene führt die immer noch ahnungslosen Sterndeuter und den listenreichen König in dessen Palast zusammen. Der Leser weiß, dass dem Kind Gefahr droht:

„(7) Darauf rief Herodes die Sterndeuter heimlich zu sich und ließ sich von ihnen genau die Zeit sagen, zu welcher der Stern erschienen war. (8) Dann schickte er sie nach Bethlehem und sagte: Geht und forscht genau nach dem Kind. Und wenn ihr es findet, so berichtet mir, damit auch ich komme und ihm huldige."

Die 4. und mittlere Szene ist auch sachlich die zentrale und darum auch die umfangreichste. Der Höhepunkt der ganzen Erzählung lässt unter dem himmlischen Licht ein kleines Idyll von heiler Welt angesichts der schon angebahnten Intrige aufscheinen. Nicht zu einem Stall, sondern zu einem Haus in Bethlehem, in dem Maria und Josef mit dem Jesuskind zuhause sind, führt die Sterndeuter der Stern. Sie sind am Ziel, nicht aber schon der Erzähler:

„(9) Nachdem sie dies vom König vernommen hatten, brachen sie auf. Und siehe da, der Stern, den sie hatten aufgehen sehen, zog vor ihnen her und blieb über dem Ort stehen, wo das Kind war. (10) Als sie den Stern sahen, freuten sie sich über alle Maßen, (11) und als sie in das Haus traten, sahen sie das Kind mit seiner Mutter Maria. Sie fielen nieder und huldigten ihm. Dann öffneten sie ihre Schatzkästen und brachten ihm Geschenke dar: Gold, Weihrauch und Myrrhe. (12) Danach erfuhren sie im Traum, dass sie nicht nach Herodes zurückkehren sollten, und reisten auf einem anderen Weg in ihre Heimat zurück."

An der folgenden 5. Szene haben die Maler besonders viel Gefallen gefunden. Zwar musste der Ochse zurückbleiben, aber den Esel aus dem Stall der lukanischen Erzählung konnten sie als ein hilfreiches Requisit der heiligen Familie kräftig zur Geltung kommen lassen, bringt er doch, von Josef geleitet, auf seinem Rücken die Mutter Maria und das Jesuskind aus höchster Gefahr:

„(13) Als sie abgereist waren, erschien dem Josef im Traum ein Engel des Herrn: Steh auf, nimm das Kind und seine Mutter und flieh nach Ägypten und bleibe dort, bis ich es sage; denn Herodes will das Kind suchen, um es zu töten. (14) Da stand er auf, nahm das Kind und seine Mutter und brach noch in der Nacht nach Ägypten auf und blieb dort bis zum Tode des Herodes."

Kann auf manchen Bildern die Flucht nach Ägypten – man denke an die beliebte Darstellung der ,Ruhe auf der Flucht' – noch als idyllische Szene erscheinen, so stürzt der Kindermord, von dem die 6. Szene berichtet, das stille Bethlehem in den schrecklichsten der Schrecken und wird zur Vorlage für viele schaurig düstere Gemälde:

„(16) Als Herodes merkte, dass die Sterndeuter ihn im Stich gelassen hatten, wurde er sehr zornig, und er ließ in Bethlehem und in der ganzen Umgebung alle Knaben im Alter von zwei Jahren und darunter töten, der Zeit entsprechend, die er von den Sterndeutern in Erfahrung gebracht hatte."

Begann die Erzählung in der 1. Szene mit einer friedlichen Reise, so endet sie in der 7. und letzten Szene auch mit einer solchen, und das erreichte Ziel und Ende eröffnet für das Kind einen neuen Anfang:

„(19) Als aber Herodes gestorben war, erschien dem Josef in Ägypten der Engel des Herrn im Traum: (20) Steh auf, nimm das Kind und seine Mutter und reise nach Israel; denn die Leute, die das Kind umbringen wollten, sind tot. (21) Da stand er auf, nahm das Kind und seine Mutter und reiste nach Israel. (22) Weil er aber hörte, dass Archelaus in Judäa anstelle seines Vaters Herodes König geworden war, fürchtet er sich, dorthin zu ziehen, und als er im Traum eine Weisung erhielt, zog er nach Galiläa (23) und ließ sich in der Stadt Nazareth nieder."

Die Legende wächst

Es ist verständlich, dass die anschauliche Erzählung des Matthäusevangeliums dazu einlud, die biblische Legende weiter wuchern zu lassen, und es war naheliegend, dass sich die Phantasie vor allem auf die Sterndeuter stürzte, die so geheimnisvoll aus einem fernen Land kommen und das wundersam natürliche Geschehen in Bewegung bringen. Wenn uns heute die Heiligen Drei Könige lebendig vor Augen stehen, verdanken sie dies weniger unserer Erzählung und mehr deren späterer Ausgestaltung.

Sie kommen aus einem sagenhaften Land im Osten, wo die Sonne aufgeht, und sie kehren auch nach dort zurück. Aber wir erfahren nicht, wie dies Land heißt. Auch teilt uns der Erzähler nicht mit, wie die Besucher aus der Ferne hießen, wie viele es waren, ob sie Heiden oder Juden gewesen sind, was aus ihnen wurde. Sie werden als ‚Magier' *(magoi)* vorgestellt, also mit einem Ausdruck, der von seinem Ursprung her eine persische Priesterkaste bezeichnet, die vor allem für die Traum- und Sterndeutung zuständig war, der aber bald für alle Vertreter östlicher Weisheit und Wissenschaft gebraucht werden konnte. Zudem war der Begriff darüber hinaus für Zauberer und Gaukler aller Art üblich geworden, und wenn man auch annehmen darf, dass der Erzähler den Ausdruck ohne irgendeine negative Akzentuierung verwendet, so war er doch schon den alten Kirchenvätern suspekt. Nachdem die Magier dem Kind gehuldigt hatten, so hören wir von ihnen, hätten sie ihre magischen Praktiken aufgegeben. Sie sollen sich also verhalten haben wie jene Bewohner von Ephesus, die einem Bericht der Apostelgeschichte zufolge (Ag 19,19), als Paulus unter ihnen wirkte, ihre Zauberbücher öffentlich verbrannten. Darum kennen wir die Magier ja auch in der

Regel als die ,Weisen aus dem Morgenlande', die mit frommem Sinn nach Jerusalem ziehen, und in der Tat stellt der Erzähler uns die Magier als solch fromme Männer vor, die er außerdem mit überlegener östlicher Weisheit und einem wundersamen Reichtum ausstattet.

Zu Königen wurden sie befördert, weil es im Buch des Propheten Jesaia heißt: „Die Heiden werden zu deinem Lichte ziehen und die Könige zum Glanz, der über dir aufgeht" (Jes 60,3; vgl. Ps 72,10f), womit zugleich festgestellt war, dass wir es nicht mit jüdischen, sondern mit heidnischen Pilgern zu tun haben. Sie gelten fortan als die ersten Könige, die den König der Könige angebetet haben, und werden als solche Vorbild und Maßstab des mittelalterlichen christlichen Königtums. Dass es sich um die Heiligen *Drei* Könige handelte, meinte man aus den drei unterschiedlichen Gaben entnehmen zu können, so dass jeder der drei dem Kind sein besonderes Geschenk überbrachte. Doch spricht man auch scherzhaft von den *beiden* ,Heiligen Drei Königen', und eine russische Erzählung weiß von dem Geschick eines vierten Königs zu berichten. In der syrischen Christenheit hat man später sogar zwölf Magier verehrt.

Die Namen Kaspar, Melchior und Balthasar tauchen im 6. Jahrhundert auf und setzen sich im Laufe der Zeit gegen andere Namen durch; bald bekommen sie auch feste ikonographische Merkmale. Als ich Kindern einmal erzählte, vielleicht seien es auch nur zwei Weise aus dem Morgenland gewesen, meinte ein gewitztes Mädchen: Natürlich, denn der dritte, Balthasar, sei ja schwarz gewesen. Ihre drei Geschenke hat man später meist allegorisch gedeutet, etwa auf Weisheit, Frömmigkeit und Heiligung oder auf Glaube, Liebe und Hoffnung oder auf die drei Ämter des Christus als König, Priester und Prophet. Neben so frommen Deutungen wirkt der nüchterne Hinweis eher rührend, der sich gleichfalls bei Auslegern in der alten Kirche findet, das Gold hätte der Armut der Eltern steuern, die Myrrhe die Gesundheit des Kindes fördern und der Weihrauch den Gestank im Stall vertreiben sollen.

Wie und wo es der Kaiserin Helena gelang, die Gebeine der Magier aufzufinden, die in ihr fernes Land zurückgekehrt waren, bleibt ihr Geheimnis. Von Konstantinopel kamen sie nach Mailand, wo sie lange Zeit in San Eustorgio, der ‚Basilika zu den Heiligen Drei Königen‘, verehrt wurden, und dort ist man dem Kaiser Barbarossa noch immer böse; denn er ließ, nachdem er Mailand hatte zerstören lassen, auf Bitten seines Kanzlers Rainald von Dassel die Gebeine in einer feierlichen Prozession von Mailand nach Köln überführen, wo sie im Jahre 1164 eintrafen und den großen Einfluss des Erzbischofs von Köln bei den Königswahlen begründete. Sie wurden bald der Deutschen liebste Könige, und bis heute hat noch keine Revolution sie aus ihrem goldenen Gehäuse im Dom zu Köln vertrieben.

Phantasie, Volksfrömmigkeit und Folklore haben also ihre Aufmerksamkeit vor allem auf die Magier und ihre kostbaren Gaben gerichtet, und Albert Schweitzer erzählt, er habe sich als Kind gefragt, warum Josef und Maria so arm gewesen seien, da sie doch die königlichen Geschenke zur Verfügung hatten. Weil sie mit ihnen freigiebig den Armen geholfen haben, antworteten andere.

Die Magier und ihre Gaben spielen ja auch keine unwichtige Rolle in der Erzählung, obschon man bedenken muss, dass sie auf deren Höhepunkt dem König Herodes eine lange Nase und sich aus dem Staube machen. Aber sie haben den Stern gesehen und sind ihm gefolgt, und sie nehmen uns mit auf ihrem Weg, zunächst nach Jerusalem und zum König Herodes und dann nach Bethlehem zu dem neugeborenen König der Juden, um den es in unserer Erzählung in Wahrheit geht.

Der Stern

Der Stern, dem die Weisen aus dem Morgenland folgen, ist kein natürlicher Stern, keine Supernova, kein Komet und keine außergewöhnliche Planetenkonstellation. Darum sind alle Versuche, entsprechende Himmelserscheinungen zur Zeit der Geburt Jesu zu rekonstruieren und auf diesem Wege Jahr und Tag der Geburt näher bestimmen zu wollen, gegenstandslos. Der Stern ist der Stern der Legende, ein Wunderstern, der den Magiern vorangeht und ihnen zunächst den Weg nach Jerusalem weist, wo er verschwindet. Aber als sie sich nach Bethlehem auf den Weg machen, erstrahlt er von neuem und führt sie sogar zu dem Haus, in dem Maria und Josef mit dem Kind wohnen. Er ist also ein Wegweiser, der mit unterwegs ist, und wenn er mitten am Tage heller als die Sonne strahlt – denn wir sollen uns kaum vorstellen, dass die Reisenden aus dem Morgenland nur des nachts unterwegs waren –, so ist deutlich, dass er zugleich das Geschehen von Bethlehem, die Geburt des Königs der Könige, und ihn selbst repräsentiert, gemäß dem Wort des Propheten Bileam: „Es wird ein Stern aus Jakob aufgehen und ein Zepter aus Israel aufkommen" (4Mose 24,17). Als die Zeiten sich wendeten, so lesen wir zu Beginn des 2. Jahrhunderts in einem Brief des Bischofs Ignatius von Antiochien, „erglänzte ein Stern am Himmel, heller als alle Sterne, und sein Licht war unsagbar stark, und seine Neuheit erregte Befremden. Alle übrigen Sterne umstanden im Chor mit Sonne und Mond den Stern, aber er überstrahlte sie alle mit seinem Licht" (IgnEph 19,2).

Von Anfang an also war der Stern transparent für den, zu dem er hinführte, sein Licht Abglanz des ewigen Lichtes, das in die Welt gekommen ist. Dies Licht bringen die Magier nicht in die Welt, sie folgen ihm nur, lassen sich von ihm erleuchten und huldigen ihm, und es ist zweifelhaft, ob man sie, wie es oft geschieht, wenigstens insofern mitten in die Erzählung stellen darf, als mit ihnen die ersten *Heiden* das Kind anbeteten. Wer sie eigentlich sind, erfahren wir ja gar nicht. Und welches Interesse sollten sie daran haben, dem König der Juden oder dem Messias des Volkes Israel zu huldigen? Handelt es sich bei den Weisen aus dem Morgenland also um *Juden?* Aber Juden hätten schwerlich nach dem neugeborenen König der *Juden,* sondern nach *unserem* König gefragt. Will man sie überhaupt näher charakterisieren, so liegt es am nächsten, sie der großen Zahl der ‚Gottesfürchtigen' zuzuordnen, also jener Heiden, die sich der Synagoge angeschlossen hatten und den Gott Abrahams, Isaaks und Jakobs verehrten, die aber nicht durch den Vollzug der Beschneidung förmlich zum Judentum übertraten. Die Weisen aus dem Morgenland wären dann also mit dem Kämmerer aus dem Mohrenland zu vergleichen, einem heidnischen Eunuchen, von dem wir in Ag 8,26–39 erfahren, er sei nach Jerusalem gereist, um dort anzubeten. Wie dem auch sei: Nachdem sie uns zu dem Kind geführt und ihm gehuldigt haben, kehren sie nach Hause zurück, und wir erfahren nichts weiter von ihnen. Aber nachdem sie den Schauplatz geräumt haben, begegnen das Kind und der König Herodes weiterhin, und diese beiden werden in jeder der sieben Szenen ausdrücklich genannt. Dies geschieht nicht zufällig, und tatsächlich müssen wir den Sinn unserer Erzählung aus dem Gegenüber des neugeborenen Königs einerseits, dessen Stern aufgegangen ist, der zur Zeit des Erzählers schon in aller Welt aufstrahlt, und des Königs Herodes andererseits erschließen, dessen Stern längst untergegangen war, als das Matthäusevangelium geschrieben wurde. Dabei zeigt sich eine deutliche Parallele zwischen der Geburtsgeschichte des Lukasevangeliums und der Huldigungserzählung des Matthäusevangeliums: Wie dort das Kind in der Krippe mit dem vergöttlichten Kaiser Augustus konfrontiert wird, so hier das neugeborene Kind mit dem großen König Herodes.

Der König Herodes

Um die Mitte des 2. Jahrhunderts vor Christus hatte das jüdische Geschlecht der Hasmonäer oder Makkabäer die Unabhängigkeit Palästinas von syrisch-seleukidischer Herrschaft erkämpft und für rund 100 Jahre bewahrt. Dann besetzten die Römer das Land und übertrugen die Statthalterschaft dem Antipater, einem Halbjuden von der Halbinsel Sinai, deren Beduinenstämme von den Hasmonäern zwangsjudaisiert worden waren. Herodes war sein Sohn und Nachfolger. Er erhielt im Jahre 40 v.Chr. in Rom den Königstitel und herrschte von Roms Gnaden fast vier Jahrzehnte lang unangefochten in einem größeren Palästina, einem neuen David-Reich, nachdem er rechtzeitig und sehr geschickt von Antonius zu Oktavian, dem späteren Kaiser Augustus gewechselt war, dessen Vertrauen er lebenslang behielt, weil er die Politik des Augustus bedingungslos unterstützte und in Palästina, dem neuralgischsten Punkt des römischen Weltreichs, den ‚römischen Frieden' verwirklichte, den Drang der Juden nach Autonomie dämpfte und für ein friedliches Miteinander der unterschiedlichen Völker, Religionen und Kulturen in seinem Herrschaftsgebiet sorgte. Den Juden baute er, der hellenistisch geprägte Halbjude, in Jerusalem einen neuen Tempel, den die Römer im Jahre 70 n.Chr. zerstörten und dessen gewaltige Grundmauern wir noch heute bewundern. Kein Kaiserbild war im jüdischen Land zu sehen, keine Münze mit einem menschlichen Kopf hat er prägen lassen, und die zahlreichen Juden, die im römischen Reich verstreut lebten, verdankten ihm Schutz und Sicherheit. Zugleich förderte er aber auch die hellenistischen Städte innerhalb und außerhalb seines Herrschaftsgebietes, baute Theater und Gymnasien, errichtete in Cäsarea einen Tempel für den Kaiserkult, unterstützte die olympischen Spiele, richtete selbst in Jerusalem Wagenrennen und Tierhetzen aus. Auch in Syrien und Jordanien stießen und stoßen die Reisenden auf Spuren seines Mäzenatentums. Und wenn wir hören, dass er sein Tafelgeschirr verkauft haben soll, um einer Hungersnot zu begegnen, dann verstehen wir, dass man ihn ‚den Großen' nannte und dass er im heutigen Israel nicht von ungefähr zu einer Symbolfigur wurde.

Nun wissen wir, dass die römischen Kaiser ihre Friedenspolitik dadurch überhöhten, dass sie für sich kultische Verehrung in Anspruch nahmen. Der irdische Friede wurde zum ewigen Frieden, das politische Handeln zum göttlichen Heilshandeln erhoben. Augustus ließ sich als Herr und Heiland der Welt preisen und huldigen; seinem Bild wurden schon zu Lebzeiten an vielen Orten Opfer dargebracht. In Entsprechung zu ihm hat auch Herodes seine Herrschaft als messianische Herrschaft aufgefasst. Augustus war der Heiland der Welt; Herodes verstand sich als Heiland in Palästina, als Messias der Juden, als der Sohn Davids, als Bringer des Gottesreiches. Erfüllt von seinem göttlichen Anspruch hat er in der Art eines orientalischen Despoten seine Macht abgesichert und alle Konkurrenten grausam verfolgt. Seine erste Frau, die den Namen Mariamne trug, war eine Hasmonäerin. Sie entstammte also dem von den Römern entmachteten legitimen jüdischen Herrschergeschlecht, und Herodes hatte sie geheiratet, um seine eigene Herrschaft zu legitimieren. Als er fest im Sattel saß, hat er das nationaljüdische Haus der Hasmonäer mit Stumpf und Stiel ausgerottet. Auch Mariamne und alle seine Kinder aus der Ehe mit ihr ließ er umbringen, so dass den Zeitgenossen der Bericht vom Kindermord zu Bethlehem nicht unglaubwürdig erschienen ist. Augustus soll in einem Wortspiel, das freilich nur in der griechischen Sprache möglich ist (*hys* = Schwein; *hyos* = Sohn), von seinem ergebensten Verbündeten gesagt haben: „Es ist besser, Schwein als Sohn des Herodes zu sein" (Macrobius, sat II 4,11).

Misstrauen beherrschte ihn, sein Sicherheitsdienst war allgegenwärtig, und seine Spitzel lieferten täglich ihre Informationen. Er genoss die Grausamkeiten seines Regiments nicht, aber er hielt sie um des guten Zweckes willen, den Frieden in seinem Land zu erhalten, für gerechtfertigt und geheiligt. Dass deshalb sein Charakterbild in der Geschichtsschreibung schwankt, kann man schon bei seinen Zeitgenossen beobachten.

Die Erzählung von der Huldigung des Kindes durch die Weisen aus dem Morgenlande zeigt sich indessen nicht an dem Charakter des Königs Herodes interessiert. Indem sie Herodes und das Kind einander gegenüberstellt und den Wunderstern über Jerusalem erlöschen, über dem Haus der heiligen Familie in Bethlehem aber wieder aufstrahlen lässt, rückt sie Herodes als Repräsentanten jener politischen Mächte in den Blick, die sich als höchste Macht verstehen, zuständig nicht nur für das Wohl, sondern auch für das Heil der Menschen, die glauben, die Geheimnisse des Lebens entschleiert zu haben und darum auch über Gedanken und Herzen regieren zu dürfen; die in solcher Weise politisches Handeln zur sinngebenden Instanz des Daseins machen und ihm unbedingtes Gewicht verleihen. Herodes ist Repräsentant des totalitären Weltanschauungsstaates, den man bejahen muss, weil er es mit allem, was er tut, und mit allen, mit denen er zu tun hat, gut meint und dem man deshalb zubilligen muss, dass er im Dienst am Großen und Ganzen das widerständige Kleine aus dem Wege räumt und in seiner Weisheit den Toren und den Widersachern den Garaus macht.

Als unsere Erzählung aufgezeichnet wurde, lag Jerusalem schon in Trümmern, und der von Herodes erbaute Tempel war nach der Eroberung der Stadt im Jahre 70 dem Erdboden gleich gemacht worden. Er hatte den Zeloten als Symbol ihres verhängnisvollen Aufstandes gegen Rom und als letztes Bollwerk gedient. Die religiös motivierten jüdischen Eiferer, die den Krieg gegen Rom angezettelt hatten, waren zwar schroffe Gegner der romfreundlichen Politik des Herodes gewesen, aber genauso wie er wollten sie sich mit dem politisch Möglichen nicht bescheiden, sondern unternahmen das Unmögliche, das Reich Gottes auf Erden zu errichten. An die Stelle des machtpolitisch durchgesetzten messianischen Friedensreiches trat die religiös-priesterlich begründete Gottesherrschaft.

Wir haben in Deutschland in einer Generation doppelt erlebt, wohin solche unbescheidene Selbstüberhöhung des Politischen führt, einmal getragen von der Ideologie des nationalen, zum anderen von der des internationalen Sozialismus, beide Male mit dem Anspruch auf Wissenschaftlichkeit versehen. Wer sich nicht das Beste, das möglichst Gute zum Ziel setzt, das oft nur das kleinere Übel ist, sondern wer das ganz Gute will, das Heil und nicht nur das Wohl der Menschen, muss früher oder später scheitern, und was zurückbleibt, sind zertrümmerte Städte, gekränkte Herzen und verwahrloste Seelen. So war es im ersten, so war es im 20. Jahrhundert. Offenbar kann der Mensch, der gegen seine Begrenztheit anläuft, nur sehr wenig aus menschheitlichen Erfahrungen lernen, und immer von neuem meint er, endlich die richtigen Mittel und Wege zum glücklichen Ziel gefunden zu haben, das die Generationen vor ihm noch verfehlten.

Dass dies kein Problem allein der Mächtigen und Machthaber ist, erkennen wir an den Magiern. Haben wir sie mit Recht als ‚Gottesfürchtige' identifiziert, so möchte der Evangelist Matthäus die frommen Weisen aus dem Morgenland den gottesfürchtigen Heiden der Synagoge als Beispiel und Vorbild vor Augen stellen und sie einladen, Jesus zu huldigen und sich der christlichen Gemeinde anzuschließen. Denn als nach der Katastrophe des jüdischen Aufstandes die Rabbiner das Judentum im streng gesetzlichen Sinn reorganisierten, mussten die unbeschnittenen Heiden trotz all ihrer Gottesfurcht die Synagoge verlassen. Schließlich wurde der neugeborene König der Juden inzwischen *allen* Menschen in *aller* Welt als himmlischer König und Herr verkündigt, und wenn der Evangelist vier der erzählten Szenen ein alttestamentliches Verheißungswort beigibt, das sich, wie er jedes Mal ausdrücklich sagt, in dem geschilderten Geschehen ‚erfüllt', so konnte keinem Leser verborgen bleiben, dass in Bethlehem kein jüdischer König, sondern der Heiland aller Welt geboren worden war.

Aber nicht nur die Magier sind unterwegs und haben die Wahl zwischen Jerusalem und Bethlehem, zwischen dem mächtigen König und dem königlichen Kind, zwischen nationalem Aufbruch und einer Botschaft an alle Welt. Vor dieser Wahl stehen wir alle. Es ist nicht die Wahl zwischen gut und böse, zwischen Moral und Unmoral, wohin wir Menschen gerne die letzte Entscheidung verlegen, weil wir uns diesem Maßstab im Allgemeinen gewachsen glauben. Es ist vielmehr die Entscheidung darüber, ob der Mensch das gute und das böse Werk seines Mundes und seiner Hände zum letzten Inhalt und zum höchsten Sinn seines Lebens macht, so dass er aus dem Guten, das er tut, lebt und an dem Bösen, das er wirkt, verdirbt. Ob seine Gedanken, Worte und Werke höchste Gedanken, Worte und Werke sind oder ob er gar nicht viel weiß, ob er schwach sein darf oder immer stark sein muss, ob er unrecht haben darf und schuldig werden kann oder fern aller Vergebung immer im Recht sein muss, ob er scheitern darf oder nicht. Es ist die Entscheidung des Menschen zwischen einem Selbst, das alles in seiner Hand haben muss, weil keine Hand ihn hält, und dem Selbst, das sich gehalten weiß, auch wo ihm alles entgleitet.

Auf dem Weg zum Kind erfährt der Mensch seine Ohnmacht, seine Fehlsamkeit, seine Schwäche, seine Unwissenheit. Auf dem Weg von Jerusalem nach Bethlehem, vom Gottkönig zum Gotteskind, wird die Gnade zur Stärke der Schwachen entsprechend dem Wort des Evangeliums: „Wenn ihr nicht werdet wie die Kinder, werdet ihr das Reich Gottes nicht sehen" (Mt 18,3). Die beiden Festkreise der Christenheit stellen nicht menschliche Größe und Kraft heraus, sondern Niedrigkeit und Nichtigkeit: Die Krippe und das Kreuz. Sie stellen damit heraus, dass menschliches Dasein, wo es in seine Wahrheit kommt, nicht gründet im menschlichen Werk, sondern im Zuspruch der Gnade Gottes; nicht im Haben und Halten, sondern im Gehalten-Werden, nicht im Verfügbaren, sondern im Unverfügbaren. So verstanden ist der Stern, der den Magiern den Weg nach Jerusalem und nach Bethlehem weist, der Wegweiser, der den Menschen die Augen öffnet für die Unwahrheit und der sie weiterführen will in ihre Wahrheit. Die alten Maler haben nicht von ungefähr das Kind in das Licht des Wundersterns gestellt und die Menschen um die Krippe in den Widerschein dieses Lichts.

Darum haben wir an jedem Weihnachtsfest Grund, von neuem zu bedenken, was Jochen Klepper im letzten Weltkrieg dichtete:

> „Die Feier ward zu bunt und heiter,
> mit der die Welt dein Fest begeht.
> Mach uns doch für die Nacht bereiter,
> in der dein Stern am Himmel steht."

Und vielleicht dachte er in jenen vorweihnachtlichen Tagen des Jahre 1942, als sich sein Weg in der finsteren Zeit eines herodianischen Übermutes schmerzlich vollendete, an die weihnachtliche Strophe eines Coburger Dichters aus der Zeit des 30jährigen Krieges mit dem beziehungsvollen Namen Kaspar Nachtenhöfer:

„In diesem Lichte kannst du sehen
das Licht der klaren Seligkeit;
wenn Sonne, Mond und Stern vergehen,
vielleicht noch in gar kurzer Zeit,
wird dieses Licht mit seinem Schein
dein Himmel und dein alles sein."

Die Weihnachtsbotschaft des Johannesevangeliums

Das Wort ward Fleisch

Wir kennen alle jene Szene, in der Faust in seinem Studierzimmer dem Pudel, dessen Kern ihm freilich noch verborgen ist, Ruhe befiehlt, um sich der Übersetzung des Neuen Testaments zu widmen. Goethe lässt ihn zu sich selbst und zu uns sagen:

„Mich drängt's, den Grundtext aufzuschlagen,
Mit redlichem Gefühl einmal
Das heilige Original
In mein geliebtes Deutsch zu übertragen."

Wenn Faust sich dabei wie selbstverständlich dem Johannesevangelium zuwendet, hängt das mit dem Geist der Goethezeit zusammen. Das vierte und späteste unserer Evangelien ist immer dann rapide im Kurs gesunken, wenn man wissen wollte, ‚wie es wirklich gewesen war'. Aber es wurde stets und wird nach wie vor hochgeschätzt, wenn es um die Frage geht, was ‚die Welt im Innersten zusammenhält'. Vor diese Frage sah sich Faust gestellt, und darum sagt er:

„Wir lernen das Überirdische schätzen,
Wir sehnen uns nach Offenbarung,
Die nirgends würd'ger und schöner brennt
Als in dem neuen Testament."

Aus diesem Grund wendet er sich dem Johannesevangelium zu.

Der Prolog des Johannesevangeliums

Schon Luther hatte in seiner für die Leser bestimmten Vorrede zu seiner Übersetzung des Neuen Testaments das Johannesevangelium „das einige, zarte, rechte Haupt-Evangelium" genannt, das den anderen Evangelien weit, weit vorzuziehen sei. Der deutsche Idealismus hat dies Urteil 250 Jahre später begeistert aufgegriffen. Lessing stellt, eine Charakterisierung schon aus der Alten Kirche aufgreifend, das Johannesevangelium als das „Evangelium des Geistes" über die anderen „Evangelien des Fleisches". Matthias Claudius liest, so erfahren wir aus dem Wandsbecker Boten, am liebsten „im Sankt Johannes", denn es hat „so etwas Schwermütiges und Hohes und Ahndungsvolles, dass man's nicht satt werden kann". Bei Herder ist es ein Nachhall der älteren Evangelien, aber ein Nachhall „im höheren Ton", das „reine Ideal". Für Schelling repräsentiert es die „vollendete Menschheitsreligion", und in der Nachfolge Hegels heißt es bei Adolf Hilgenfeld, einem Ausleger aus der Mitte des 19. Jahrhunderts, in einem glücklich gewählten Bild, dass der „Adler-Evangelist" – der Adler ist bekanntlich seit alters her das Symbol des vierten Evangeliums – „sich zu der höchsten, geistigen Auffassung des Christenthums aufschwingt".

Zudem beginnt das Johannesevangelium, das Faust aufschlägt, mit einem eindrucksvollen Prolog, in dem sich poetische Kraft und theologischer Gedankenreichtum in faszinierender Weise verbinden und verdichten. Er soll dem Leser die folgende Schrift erschließen. Wie wir heute wissen, hat der Evangelist diesem Prolog eine ältere Dichtung, einen Hymnus oder ein Lehrgedicht, zugrunde gelegt, dessen stilistische Feinheiten allerdings nur im griechischen Urtext hinreichend zu beobachten sind. Aber auch in der Übersetzung ist die gelungene *Form* des Liedes nicht zu verkennen. Wir müssen dazu freilich die Ergänzungen ausscheiden, mit denen der Evangelist seine Vorlage erweitert hat, um sie in den Dienst seiner besonderen Interessen zu stellen. Wir erhalten dann einen Hymnus, der aus drei Strophen zu je sechs Zeilen besteht. Jede der insgesamt 18 Zeilen bildet einen vollständigen Satz, und die letzte Zeile jeder der drei Strophen besitzt – eine beliebte antike Stilform – ein ‚Achtergewicht', das sie besonders hervorhebt und ihr ein hervorragendes Gewicht verleiht.

Der Leitbegriff des ganzen Liedes ist der griechische Ausdruck *logos*, der einen großen Bedeutungsumfang besitzt und den Luther mit ‚Wort' übersetzt hat. Wir sprechen darum im Blick auf dieses 18zeilige Gedicht vom ‚Logos-Hymnus'.

Die erste Strophe dieses Logos-Hymnus greift auf die Anfangsworte des Alten Testaments zurück und nimmt die Schöpfungsgeschichte auf („Am Anfang schuf Gott Himmel und Erde"), in der bekanntlich jedes der Schöpfungswerke mit den Worten eingeleitet wird: „Und Gott sprach". Im Hinblick auf dieses göttliche Schöpfungswort lautet die erste Strophe:

> „Am Anfang war das Wort,
> Und das Wort war bei Gott,
> Und Gott war das Wort;
> Dieses war im Anfang bei Gott.
> Alles ist durchs Wort geworden,
> Und ohne das Wort ist nichts geworden, was geworden ist."

Die zweite Strophe berichtet davon, dass sich der logos von Anfang der Schöpfung an den Menschen zugewandt hat, ihnen Leben und Licht zu geben, und wie sich die Menschen zu dieser Offenbarung des *logos* verhalten haben:

> „In ihm war Leben,
> Und das Leben war das Licht der Menschen;
> Und das Licht scheint in der Finsternis,
> Und die Finsternis hat es nicht ergriffen.
> Welche ihn aber aufnahmen,
> Ihnen gab er Macht, Gottes Kinder zu werden."

Die dritte Strophe ist die weihnachtliche Strophe. Indem sie von der Menschwerdung des Wortes spricht, das am Anfang war und von Anfang an das Leben der Menschen erleuchtete, führt sie den Hymnus an sein Ziel und auf seinen Höhepunkt. Sie enthält – sozusagen – die Weihnachtsgeschichte des Johannesevangeliums. Wir stellen sie zunächst zurück.

Die beiden ersten Strophen des Hymnus

Wollten wir die beiden ersten Strophen des Hymnus im Einzelnen auslegen und zu verstehen versuchen, müssten wir zunächst die breite Vorgeschichte ihrer gewichtigen Begriffe aufhellen, die uns zuerst in das hellenistische Judentum und von dort einerseits in das Alte Testament, andererseits in das klassische Griechentum zurückführte: *Logos;* Anfang und Werden; Leben; Licht und Finsternis usw. Was alles mit dem führenden Begriff *logos* zu assoziieren ist, gibt unser Lexikon von Archäo*logie* bis Zoo*logie*, unter *Logik* wie unter *Loga-*rithmus zu erkennen. Und welches Gewicht liegt allein in der Tatsache, dass der griechische Begriff *archä,* den wir mit ‚Anfang‘ zu übersetzen pflegen – „Am Anfang war das Wort ...“ –, nicht nur in die Ferne blicken lässt, sondern zugleich den ‚Ursprung‘, den ständig gegenwärtigen Grund und Quell bezeichnet.

Der genaueren Analyse würde sich bald zeigen, dass es kaum einen anderen Text in der Weltliteratur gibt, der mit so wenigen und zugleich formvollendeten Sätzen so viel und so Umfassendes zu sagen beabsichtigt und auch tatsächlich zum Ausdruck bringt wie der dem Prolog des Johannesevangeliums zugrunde liegende Hymnus. Und gewiss gibt es keinen Text, dessen große Wirkungsgeschichte im Verhältnis zu seinem kleinen Umfang an die Bedeutung heranreicht, die dieser Hymnus nicht nur in der Theologie, sondern auch in der Philosophie, der Psychologie und der Dichtung besitzt. Das Gewicht, das die Erzählungen von der Geburt im Stall und von der Anbetung durch die Hirten und die Weisen aus dem Morgenland in der bildenden Kunst besitzen, bringt das Lied vom *logos* in den abendländischen Geisteswissenschaften zur Geltung.

Wir würden freilich nicht weit kommen, wollten wir uns in begrenzter Zeit der Erklärung der beiden ersten Liedstrophen im Einzelnen zuwenden. Auch Faust kommt ja nicht weit. Schon die erste Zeile des Johannesevangeliums bereitet ihm Probleme:

„Geschrieben steht: Im Anfang war das Wort.
Hier stock' ich schon! Wer hilft mir weiter fort?
Ich kann das Wort so hoch unmöglich schätzen,
Ich muss es anders übersetzen."

Wir erinnern uns, wie Faust verschiedene Bedeutungen des griechischen Begriffs *logos* Revue passieren lässt und erwägt, ob sie nicht dem, was in der ersten Zeile des Johannesevangeliums gesagt worden soll, besser entsprechen als die vertraute Übersetzung Luthers:

„Wenn ich vom Geiste recht erleuchtet bin,
Geschrieben steht: Im Anfang war der Sinn.
Bedenke wohl die erste Zeile,
Dass deine Feder sich nicht übereile!
Ist es der Sinn, der alles wirkt und schafft?
Es sollte stehn: Im Anfang war die Kraft!"

Und den Ausdruck ‚Kraft', dem faustischen Drang bereits mehr angenähert als die Begriffe ‚Wort' und ‚Sinn', beginnt er zu Papier zu bringen:

„Doch, auch indem ich dieses niederschreibe,
Schon warnt mich was, dass ich dabei nicht bleibe.
Mir hilft der Geist! Auf einmal seh ich Rat
Und schreibe getrost: Im Anfang war die Tat."

Goethe hatte seine Frankfurter Schul-Lektion gut gelernt, und er wird noch manchen andern Begriff seines geliebten Deutsch als Übersetzungsvariante für das vieldeutige *logos* ausprobiert haben. Wenn er schließlich die Übersetzung ‚Tat' wählt, so dürfte ihm bei solcher Wahl bewusst gewesen sein, dass er sie nicht trifft, um dem Prolog des Johanesevangeliums exegetisch korrekt gerecht zu werden, sondern um den Charakter seines Helden deutlich zu zeichnen: *Faust* ist es, der die Übersetzung ‚Tat' wählt.

„Das schöne Wort tut's nicht allein; die Tat soll unser Zeuge sein", stand mit großen Buchstaben in der Turnhalle unserer Schule geschrieben. Das war Goethe fürs Volk. Und es ist ja viel Richtiges daran. Wer müsste sie nicht verachten, die ungedeckten Worte, das hohle Geschwätz, die leeren Versprechungen. Aber Worte sind nicht nur Schall und Rauch. Greift der Dichter des *logos*-Liedes mit dem „Am Anfang war das Wort" auf die biblische Schöpfungsgeschichte zurück, so tut er es in Ansehung des dort zehnfach wiederholten „Und Gott sprach": „Und Gott sprach: Es werde Licht! *Und es ward Licht.*" Das Wort selbst kann zur Tat werden, kann Tat sein. „Ist mein Wort nicht wie ein Feuer, spricht der Herr, und wie ein Hammer, der Felsen zerschlägt", heißt es beim Propheten Jeremia (Jer 23,29). Sagen nicht auch wir, dass Worte verletzen, dass sie töten können, und dass sie befreien, erbauen, aufrichten und heilen? Kann ein ‚Ich liebe dich' nicht ein ganzes Leben von Grund auf bewegen und mehr bewirken als tausend Taten? Und wenn unser Tun den Tod bringt, kann ein Wort ins Leben zurückführen: „Mensch, dir sind deine Sünden vergeben." Darum kann Luther dichten: „Nehmen sie den Leib, Gut Ehr, Kind und Wein: Lass fahren dahin", aber: „Das Wort sie sollen lassen stahn."

Es liegt am Tage, dass der *logos*-Hymnus in diesem Sinn des tätigen und tatkräftigen Wortes den Begriff *logos* verwendet. Von Anfang an brachte der göttliche *logos* den Menschen Leben und Licht, Dasein und Orientierung. Wenn die gewichtige letzte Zeile der ersten Strophe feststellt, dass nichts geworden ist, was nicht durch den *logos* Gottes wurde, so wendet sich der Verfasser mit diesen Worten gegen die in der Antike verbreitete dualistische Vorstellung von zwei Ur-Prinzipien, von Licht und Finsternis, Gut und Böse, Wahrheit und Lüge, Gott und Satan. Es gibt für ihn gemäß der biblischen Tradition, in der er zuhause ist, nur den einen Anfang und Ursprung bei Gott.

Hat also der göttliche *logos* auch die Finsternis geschaffen, die in der zweiten Strophe plötzlich begegnet: „Das Licht scheint in die Finsternis, aber die Finsternis hat es nicht ergriffen"? Der Dichter meint es wohl anders. Die Finsternis ist keine Gegenmacht des *logos*. Aber wo der Mensch sein Leben nicht vom *logos* erleuchten lässt, da versinkt er in Finsternis. Eben darum wurde das Wort Fleisch, um *in* dieser vom Menschen geschaffenen Finsternis aufzustrahlen und so die Finsternis zu vertreiben. Eben darum wurde es Weihnachten.

Die dritte Strophe

Damit sind wir bei der letzten, der dritten Strophe des Hymnus. Auch diese Strophe können wir nicht nach allen Regeln der Kunst auslegen, aber wir wollen uns ihr doch etwas näher zuwenden.

> „Und das Wort wurde Fleisch,
> Und es wohnte unter uns,
> Und wir sahen seine Herrlichkeit,
> Und es war voll von Gnade und Wahrheit.
> Denn das Gesetz wurde durch Mose gegeben,
> Die Gnade und Wahrheit ist durch
> Jesus Christus geworden."

Man hat seit jeher die Spannung bemerkt, die in dieser Strophe zwischen den ersten beiden Zeilen und der dritten zu beobachten ist. Wie hat man zu verstehen, dass wir „seine Herrlichkeit sahen", wenn doch der *logos* „Fleisch wurde" und „unter uns wohnte", also verhüllte, dass er „am Anfang" und dass er „bei Gott" war? Zwar bezeichnet in unserem Hymnus ‚Fleisch' nicht, wie es im hellenistischen Dualismus üblich war, das Nichtige, das Verderbliche, das Böse, dem der Geist als das Gute und in Wahrheit Seiende gegenüber tritt. Der *logos*-Hymnus, der aus alttestamentlichem Denken erwächst, weiß zwar, dass alles Fleisch wie Gras ist und dass der Mensch „blüht wie eine Blume auf dem Felde; wenn der Wind darüber geht, so ist sie nimmer da, und ihre Stätte kennet sie nicht mehr" (Ps 103,14–16). Aber dies Fleisch ist doch nicht nichtig und schlecht, sondern Gottes gute Schöpfung.

Schon im Paradies freute sich der Mann über die Frau mit den Worten: „Das ist Bein von meinem Bein und Fleisch von meinem Fleisch", und dass die beiden „ein Fleisch" sein werden, ist eine durchaus paradiesische Verheißung. ‚Fleisch' ist der lebendige Mensch, wie er aus Gottes Hand hervorgeht. Als Mensch unter Menschen erschien also der *logos,* der aller Dinge bleibender Ursprung ist; „er wohnte unter uns", er, „den aller Weltkreis nie umschloss" (Luther). In einem urchristlichen Lied aus einer unserem Hymnus ähnlichen theologischen Herkunft, das schon Paulus zitiert, heißt es: „Er wurde wie ein anderer Mensch und an Gebärden wie ein Mensch erfunden" (Phil 2,7). Krippe, Kreuz und Grab, die Symbole von Weihnachten, Karfreitag und Ostern, sind Zeichen dieser Gegenwart des *logos* im Fleisch

Das bedeutet aber, dass für den Dichter des Liedes die Herrlichkeit des *logos* nicht *anschaubar* ist, so dass man mit dem Finger darauf zeigen kann, nicht *greifbar,* so dass man sie feststellen kann. Die Herrlichkeit des *logos* zeigt sich nicht in einer umfassenden weltanschaulichen Theorie, in der die Rätsel dieser Welt gelöst sind und deren praktischer Durchsetzung sich darum niemand verschließen darf. Sie wird auch nicht in einer wundersamen Durchbrechung aller natürlichen Ordnung sichtbar, wie man schon bald auch im frühen Christentum wahrzunehmen glaubte. Man erschaut auch den *logos* nicht in Gestalt einer überragenden Persönlichkeit, die man zum Maßstab der Menschenbildung machen kann, wie der Liberalismus des 19. Jahrhunderts gerne lehrte, der Jesus mit der Gloriole eines einzigartigen religiösen Heros versah. Seine Herrlichkeit wird erst recht nicht von denen erkannt, die imstande sind, sich in einer visionären Schau des Geistes über die irdischen Beschränkungen des Fleisches zu erheben. Die Herrlichkeit des *logos* ist, da er Fleisch wurde, von außen vielmehr gar nicht zu konstatieren.

Daraus folgt, dass man die Herrlichkeit des fleischgewordenen *logos* überhaupt nicht distanziert, sozusagen theoretisch, wahrnehmen kann. Man erkennt sie nur, indem man sie anerkennt, und man versteht sie nur, indem man sich selbst in und aus ihrem Licht versteht. Der *logos,* der am

Anfang war und der bleibender Ursprung ist, richtet sein Wort nicht an den Verstand, sondern an das Dasein, das Leben selbst. Deshalb beginnt die zweite Strophe des Hymnus auch mit den Worten:

„In ihm war Leben,
Und das Leben war das Licht der Menschen."

Man beachte die Reihenfolge! Aus der Erfahrung eines Lebens gemäß dem *logos* erwächst das Licht der Erkenntnis, nicht umgekehrt, wie es uns der wissenschaftliche *logos* der Neuzeit lehrt. Ohne das *Wagnis* des Lebens, hier des glaubenden Lebens, bleibt der *logos* des Lebens verhüllt. Nur wo der Mensch sich sein Leben vom *logos* erhellen lässt, nimmt er das Licht wahr, das ihm Orientierung ermöglicht und seinen nächsten Schritt beleuchtet, das ihm das Große groß und das Kleine klein macht, das ihm den Sinn seines Daseins zu erkennen gibt. „Vor aller Logik muss man das Leben lieben lernen, dann erst wird man auch den Sinn des Lebens begreifen" (Dostojewski, Die Brüder Karamasow V, 3). Darum ist die Herrlichkeit, die am fleischgewordenen *logos* zu erkennen ist, eine Herrlichkeit, die im eigenen Leben aufscheint und es verherrlicht.

Gnade und Wahrheit

Aber welche Herrlichkeit erkennt derjenige, der sich auf dies Wagnis einlässt und den ins Fleisch gekommenen *logos* Anfang und Ursprung seines Lebens sein lässt, so dass sein Dasein nicht von Finsternis umhüllt wird, sondern sich erhellt? Zweimal wird diese Herrlichkeit mit denselben Worten beschrieben: „Voll von Gnade und Wahrheit", und sie wird, ein für uns zunächst fremdes Motiv, zugleich abgesetzt von dem „Gesetz, das durch Mose gegeben ist".

Das scheinbare Nebeneinander von ‚Gnade *und* Wahrheit' meint keineswegs zweierlei. Das ‚und' verbindet beide Begriffe, wie oft im Semitischen, explizierend, unserem ‚und zwar' vergleichbar. Beide Begriffe verweisen auf einen und denselben Sachverhalt; sie erläutern sich gegenseitig: Die Gnade ist die Wahrheit, und wer nach der Wahrheit fragt, wird auf die Gnade verwiesen.

Fragen wir zuerst nach der Wahrheit. Aber bevor wir fragen können: *Was* ist wahr?, müssen wir uns zunächst fragen lassen: Was meinen wir überhaupt, wenn wir von ‚Wahrheit‘ sprechen? Uns ist die entsprechende und sprichwörtlich gewordenen ‚Pilatusfrage‘ geläufig, mit der er im Bericht des Johannesevangeliums vom Prozess gegen Jesus auf dessen Erklärung reagiert, er sei gekommen, um für die *Wahrheit* zu zeugen. „Was ist Wahrheit“, sagt Pilatus. Damit fragt er allerdings nicht, wie wir es momentan tun, nach der Wahrheit, um sich von Jesus den *Begriff* der Wahrheit definieren zu lassen. Er ist auch weder der Wahrheitssucher, der von Jesus eine Antwort auf sein ungestilltes Streben nach wahrhaftiger Erkenntnis begehrt, noch der Skeptiker, der mit einer bloß rhetorischen Frage abwehrend feststellt, die Suche des Menschen nach Wahrheit sei ein hoffnungsloses Unterfangen, vor dem auch Goethes Faust resigniert: „Ich weiß, dass wir nichts wissen können“. Der römische Statthalter Pilatus stellt vielmehr nur nüchtern fest, dass er als Politiker nicht über die Wahrheit zu befinden habe. „Was ist Wahrheit“, heißt in seinem Munde: Was geht mich, den Repräsentanten des Staates, die Wahrheit an? Ich habe Recht zu sprechen und für Ordnung zu sorgen. In diesem Sinn ist Pilatus in der neueren Zeit nicht selten und nicht ohne Grund der Kronzeuge derer gewesen, die sich gegen den Totalitätsanspruch von Staaten zur Wehr gesetzt haben, die beanspruchten, auch über die Wahrheit zu verfügen und damit den Menschen ganz beanspruchen zu dürfen.

Hätte Pilatus *unsere* Frage aufgegriffen und versucht, den *Begriff* der Wahrheit zu definieren, hätte er vermutlich im Rahmen der hellenistischen Denkweise seiner Zeit geantwortet. Für diese Denkweise bezeichnet Wahrheit, wie es dem griechischen Wort für Wahrheit *(a-lätheia)* entspricht, das Un-Verborgene bzw. das aus der Verborgenheit ans Licht gebrachte, das am Tage liegende, für den Richter – beispielsweise – also den wirklichen Tatbestand, den er zu erforschen hat, oder für den Philosophen das wirklich Seiende, das der Platoniker in der Welt der Ideen anschaut. Wahrheit hat es mit dem forschenden Sehen zu Tun, mit dem *theorein,* wie ‚sehen‘ im Griechischen heißt, und insofern mit der Theorie.

In diesem Sinn, der zur Aufklärung hin tendiert und insoweit auch dem Wahrheitsbegriff der neuzeitlichen Wissenschaft zugrunde liegt, gebraucht nun freilich der *logos*-Hymnus den Begriff der Wahrheit nicht. Er bewegt sich vielmehr genauso wie Jesu von Pilatus durchaus richtig eingeschätzter Anspruch, von der Wahrheit zu zeugen, weiterhin in der Denkweise des Alten Testaments. Dies benutzt bereits in den Psalmen nicht selten die Doppelwendung ‚Gnade und Wahrheit‘: „Gnade und Wahrheit sind vor deinem Angesicht“ (Ps 89,15; vgl. 100,5; 115,1; 117,2). Es spricht aber auch von ‚Wahrheit und Treue‘: „Deine Ratschlüsse sind treu und wahrhaftig“ (Jes 25,1); von ‚Wahrheit und Gerechtigkeit‘: „Ich will ihr Gott sein in Wahrheit und Gerechtigkeit“ (Sach 8,8); von ‚Wahrheit und Güte‘: „Die Wege des Herrn sind eitel Güte und Wahrheit“ (Ps 25,10); von ‚Wahrheit und Licht‘: „Sende dein Licht und deine Wahrheit, dass sie mich leiten“; von ‚Wahrheit und Frieden‘: „Liebt Wahrheit und Frieden“ (Sach 8,19). Und es nennt die Wahrheit Gottes „Schirm und Schild“ (Ps 91,4). Was also ist wahr? Gnade und Treue, Gerechtigkeit und Güte, Licht und Frieden sind wahr, und darum ist die Wahrheit Schirm und Schild. ‚Wahrheit‘ bedeutet also das Zuverlässige, das Vertrauenswürdige, das Verlässliche und Tragfähige. ‚Wahrheit‘ in diesem Sinn steht deshalb unserem Begriff der ‚Wahrhaftigkeit‘ nahe. Wahrheit hat es nicht mit dem Forschen und Wissen zu tun, sondern mit dem Verstehen, nämlich mit dem ‚Sich selbst verstehen‘, dem ‚Sich auf das Leben verstehen‘. Zu der so verstandenen Wahrheit gibt es keine Distanz; man kann sie nicht beobachten, sondern nur ergreifen oder verfehlen. Bei ‚Wahrheit‘ geht es um das ‚In seine eigene Wahrheit kommen‘, um das ‚Wahr sein‘ oder ‚Wahr werden‘ des Menschen. In solchem Sinn von Wahrheit sagt der Hymnus im Hinblick auf die Herrlichkeit des fleischgewordenen Logos, er sei „voll Gnade und Wahrheit“.

Wenn der göttliche *logos,* Anfang und Ursprung alles Seienden und allen Seins, Fleisch wird, wenn sich also der ewige Ursprung des menschlichen Daseins in dessen eigener niedriger Gestalt zeigt, dann ist wahres Leben ein Leben aus der Gnade. Nicht der Aufschwung des Menschen zur Gottheit, sondern die Zuwendung Gottes zum Menschen ermöglicht in Wahrheit das Leben, ermöglicht wahres Leben. Das griechische Wort *charis,* das wir mit Gnade wiedergeben, hat eine Vielfalt von Bedeutungsnuancen. Es meint Gabe und Geschenk, es meint Huld und Lindigkeit, es meint auch Freude und Dank und auch den freundlichen Gruß der Elisabeth: Ave Maria („Gegrüßet seist du, Maria ...“). Noch unser gedankenloses ‚Grüß Gott‘ erinnert daran, dass ein Gruß freundliche Zuwendung bedeutet: ‚Gott segne dich‘; ‚Gott ist mit dir‘. So verstanden fasst das Wort *charis,* ob wir es nun mit Gnade oder Huld, mit Gabe, Segen oder Lindigkeit wiedergeben, alles in sich, was die Weihnachtsbotschaft und die Weihnachtsfreude in ihrem ursprünglichen Sinn besagen.

„Das Gesetz wurde durch Mose gegeben“, sagt der Hymnus. Das Gesetz steht im Zeichen des ‚Du sollst‘, des ‚*Du* sollst‘: Du sollst wissen; du sollst tun; du sollst glauben. Auf dich kommt es an. Im Anfang war die *Tat;* Faust übersetzt die erste Zeile des Hymnus durchaus gesetzlich. Er will etwas erreichen; er will stolz auf sich sein. So ist es: Das Gesetz ermöglicht dem Menschen, mit erhobenem Haupt oder auch mit stolz geschwellter Brust einherzugehen: Seht, ich bin nicht wie die anderen. Seht, wie herrlich weit ich es gebracht habe. So hatte auch der Apostel Paulus unter dem Gesetz des Mose gelebt – bis er der Wahrheit der Gnade begegnete und begriff, dass das Gesetz die Aufgabe hat, den Menschen scheitern zu lassen.

Die Gnade sagt nicht: Du sollst. Sie sagt: Du darfst. Im Anfang war das *Wort,* darum darfst du hören, dass dir gesagt wird: Fürchte dich nicht, ich bin mit dir. Und das Wort wurde Fleisch, es wurde wie du. Darum darfst du leben, wo du bist und als der, der du bist. Du darfst vertrauen, du darfst lieben, du darfst hoffen. Nicht du hast das erste Wort – und brauchst es nicht zu haben. Nicht du hast das letzte Wort – und brauchst es nicht zu haben. Wir sind mit all unserem Tun und Lassen umfangen von dem Wort, dem *logos,* man darf auch sagen: von der *Logik,* die am Anfang war und ein bleibender Ursprung ist, die alle Dinge trägt und die als Licht in die Finsternis scheint und denen, die den *logos* aufnehmen, erlaubt, Gottes Kinder zu sein – umfangen also von der *Logik* der Gnade.

Nicht wenige blicken in den Weihnachtstagen auf ein erfolgreiches, ein gelungenes, ein glückliches Jahr zurück, und ihr Herz ist deshalb zum Danken weit. Aber auch wenn wir nicht zu klagen haben – wir klagen und jammern in der Regel viel zu viel: Erhellt haben *wir* die Welt nicht. Auch in diesem Jahr scheint das Licht in *die Finsternis.* Aber es *scheint* auch in diesem Jahr in die Finsternis, um sie zu erhellen, und der Blick auf das fleischgewordene Wort, das Kind in der Krippe gibt den Grund einer *frohen* Weihnacht zu erkennen:

> „Das ewig Licht geht da hinein,
> Gibt der Welt ein neuen Schein.
> Es leucht wohl mitten in der Nacht
> Und uns des Lichtes Kinder macht."

Martin Luthers Kinderlied
auf die Weihnacht

Vom Himmel hoch, da komm ich her

Im Jahre 1535 gab Martin Luther das seit langem zum Volkslied gewordene Weihnachtslied „Vom Himmel hoch, da komm ich her" als „Ein Kinderlied auf die Weihnacht Christi" zum Druck, nachdem er schon 1524 drei Weihnachtslieder für den Gottesdienst der Erwachsenen veröffentlicht hatte. Es handelt sich um ein einfaches und durchaus kindertümliches Lied von 15 vierzeiligen Strophen, das aber zugleich von einem hohen poetischen Rang und außerdem von prägnanter theologischer Aussagekraft ist.

Die Botschaft des Engel auf dem Hirtenfeld

Es setzt ein mit der bekannten Weihnachtsgeschichte aus dem Lukasevangelium; die ersten 5 Strophen paraphrasieren die Engelbotschaft auf dem Hirtenfeld. Sie setzen Bekanntschaft mit dieser Erzählung voraus und erwähnen nur indirekt, dass es der ‚Engel des Herrn' ist, der seine Botschaft ‚vom Himmel hoch' ausrichtet. Und dass es die Hirten sind, die diese Botschaft ursprünglich vernehmen, bleibt unerwähnt. Dadurch wird die Distanz zur biblischen Erzählung aufgehoben: Die Kinder werden selbst und unmittelbar angesprochen und an dem Geschehen beteiligt. Es geht um sie selbst.

Da, wie wir noch näher sehen werden, das Lied nicht einfach abgesungen, sondern szenisch gestaltet werden soll, ist sehr wohl denkbar, dass der Engel zusammen mit einer Hirtenschar auftritt, der seine direkte Anrede gilt. Jedenfalls aber tritt der himmlische Bote selbst, als ein solcher sichtbar und erkennbar, szenisch in Erscheinung. Er sagt, woher er kommt, und kündigt seine Botschaft an:

> (1) „Vom Himmel hoch, da komm ich her;
> ich bring euch gute neue Mär;
> der guten Mär bring ich so viel,
> davon ich sing'n und sagen will."

Auf diese Eingangsstrophe werden wir später zurückkommen. Ihr folgt in drei Strophen die Botschaft selbst, eine umschreibende und deutende Wiedergabe des biblischen Textes:

> (2) „Euch ist ein Kindlein heut geborn
> von einer Jungfrau auserkorn,
> ein Kindelein so zart und fein,
> das soll eure Freud und Wonne sein."

> (3) „Es ist der Herr Christ, unser Gott,
> der will euch führn aus aller Not,
> er will eur Heiland selber sein,
> von allen Sünden machen rein."

> (4) „Er bringt euch alle Seligkeit,
> die Gott der Vater hat bereit,
> dass ihr mit uns im Himmelreich

– dies ‚uns' schließt die ‚Menge der himmlischen Heerscharen' ein, die der biblischen Erzählung zufolge ‚alsbald bei dem Engel waren' und die das ‚Ehre sei Gott in der Höhe' anstimmen (Lukas 2,13–14); möglicherweise hat der Engel sich, von ihnen umgeben, in Szene gesetzt. –

> sollt leben nun und ewiglich."

Schließlich teilt der Engel in der 5. Strophe das Zeichen mit, an dem die Hirten das gesuchte Kind erkennen können – „Ihr werdet finden das Kind in Windeln gewickelt und in einer

Krippe liegen" (Lukas 2,12) –, und das nunmehr die Hirten, wenn sie denn zugegen sind, und die übrigen Hörer auf die Krippe aufmerksam macht:

> „So merket nun das Zeichen recht :
> die Krippe, Windelein so schlecht,
> da findet ihr das Kind gelegt,
> das alle Welt erhält und trägt."

Weil man dort, wo Maria und Joseph unterkamen, auf die Geburt nicht vorbereitet war, wurde die Krippe zum Notlager für das Kind und konnte somit leicht als Erkennungszeichen dienen. Mit dem Hinweis auf dieses Zeichen hat der Engel seine Aufgabe erfüllt, und die Hörer haben, wie die folgende Strophe zeigt, seine Kunde verstanden:

> „Des lasst uns alle fröhlich sein
> und mit den Hirten gehen hinein,
> zu sehn, was Gott uns hat beschert,
> mit seinem lieben Sohn verehrt."

Wer diese Strophe spricht, ist freilich nicht ohne weiteres zu erkennen. Schwerlich spricht noch der Engel, und auch aus dem Munde der Hirten kann solche Aufforderung nicht kommen. Im häuslichen Rahmen dürfte es der Hausvater sein, der die Anwesenden, insonderheit die Kinder anredet und in den Raum führt, in dem die Krippe steht, wobei er die Hirten der Erzählung und die gegenwärtigen Hörer der Engelbotschaft zu einer Schar vereint. Aber es ist auch möglich, dass die Aufforderung, mit den Hirten hinein zu gehen, aus Kindermund kommt.

Vor der Krippe

Nun folgen sieben Strophen, die jedes Mal ein einzelner vorträgt, und die heilige Sieben-Zahl, die Zahl der Ganzheit, weist darauf hin, dass jetzt ,alles Volk', von dem die Engelbotschaft sprach („Siehe, ich verkündige euch große Freude, die allem Volk widerfahren wird"; Lukas 2,10), zu Wort kommt, und zwar offensichtlich durch den Mund der Kinder entsprechend dem Psalmwort (Psalm 8,3): „Aus dem Munde der Unmündigen und Säuglinge hast du dir Lob bereitet." Diese ‚Unmündigen' sagen nacheinander ihr Sprüchlein auf, und wenn alle sieben Sprüche gesagt oder gesungen sind, ist alles gesagt, was im Angesicht der Krippe zu sagen ist.

Die erste und die letzte der sieben Strophen markieren die Einheit dieses Komplexes. Sie sind nämlich dadurch hervorgehoben, dass sie als einzige im ganzen Liede in allen 4 Zeilen den gleichen, in beiden Strophen zudem gleichlautenden Endreim haben, und in diesen beiden Strophen verweist der Sprecher außerdem auf sein Herz, bezieht sich selbst also in besonderer Weise in seine Worte ein:

> „Merk auf, mein Herz, und sieh dorthin;
> was liegt doch in dem Krippelein?
> Wes ist das schöne Kindelein?
> Es ist das liebe Jesulein."

Und die letzte der sieben Strophen lautet entsprechend:

> „Ach mein herzliebes Jesulein,
> mach dir ein rein sanft Bettelein,
> zu ruhen in meins Herzens Schrein,
> dass ich nimmer vergesse dein."

Auch die zweite und die vorletzte der sieben Strophen entsprechen sich insofern, als in beiden sich der Sprecher selbst mit ‚ich' und ‚mir' in das Geschehen einbezieht, das er beobachtet und das er beschreibt:

> „Sei mir willkommen, edler Gast!
> Den Sünder nicht verschmähet hast
> und kommst ins Elend her zu mir:
> Wie soll ich immer danken dir."

„Das hat also gefallen dir,
die Wahrheit anzuzeigen mir,
wie aller Welt Macht Ehr und Gut
vor dir nichts gilt, nichts hilft noch tut."

In den drei mittleren der sieben Strophen fehlt dagegen das
Ich des Sprechers. Sie beschreiben, deuten, verkündigen und
stellen dabei in allen Fällen die Paradoxie heraus, dass der
Schöpfer aller Dinge in der ärmsten Armseligkeit begegnet.
Mit der Krippe und den Windeln, ursprünglich nur die äuße-
ren Erkennungszeichen des göttlichen Kindes, werden nun
auch Ochs und Esel und Heu und Gras zu Hinweisen auf die
Niedrigkeit des Kindes, theologisch gesprochen, auf die
Erniedrigung Gottes.

(9) „Ach Herr, du Schöpfer aller Ding,
wie bist du worden so gering,
dass du da liegst auf dürrem Gras,
davon ein Rind und Esel aß."

In dieser Strophe bringt Luther also geschickt Ochs und Esel,
die Requisiten jeder Krippenszene, unter, die aus einer alttestamentlichen Stelle (Jesaia 3,1) den Weg in die Weihnachtsgeschichte gefunden haben.

„Und wär die Welt vielmal so weit,
von Edelstein und Gold bereit't,
so wär sie doch dir viel zu klein,
zu sein ein enges Wiegelein."

In der bildlichen Darstellung war schon seit langem die
Krippe mit einer Wiege vertauscht worden, wie denn nicht
wenige volkstümliche Weihnachtslieder Wiegenlieder sind.
„Joseph, lieber Joseph mein, hilf mir wiegen mein Kindelein
..." sang man schon lange vor Luthers Zeit.

„Der Sammet und die Seiden dein,
das ist grob Heu und Windelein,

darauf du König groß und reich
herprangst, als wärs dein Himmelreich."

Das Krippenspiel

Es ist aus dem zuletzt Gesagten zu erkennen, dass Luther
diese sieben Strophen auch in ihrem Verhältnis zueinander
sorgfältig stilisiert hat, und in diesem Zusammenhang ist es
sinnvoll, sich zunächst mit dem ‚kulturellen' Hintergrund des
„Kinderlieds auf die Weihnacht Christi" zu befassen, bevor
wir die beiden letzten Strophen in unsere Betrachtung einbe-
ziehen.

Es wurde bereits deutlich, dass unser Lied einen dramatischen Rahmen besitzt; es ist in verteilten Rollen, mit Wechsel-
rede, mit Solo und Chor angelegt. Es will nicht nur gesprochen oder gesungen, sondern auch aufgeführt werden. Es
gab seit dem frühen Mittelalter viele Spiele, in denen die
Ereignisse der heiligen Geschichte anschaulich gemacht wurden; die Passionsspiele und die Krippenspiele waren mit
Abstand am weitesten verbreitet. Sie konnten in der Kirche,
aber auch auf dem Marktplatz aufgeführt werden und wurden
oft mit großem Aufwand gestaltet – man denke an die Ober-
ammergauer Passionsspiele –, oft aber auch mit einfachen
Mitteln aufgeführt – man denke an die Krippenspiele, die
unsere Kinder zu Weihnachten aufführen. Auch unser Lied
setzt offenbar keinen großen spielerischen Aufwand voraus,
und abgesehen von der Krippe sind unbedingt notwendige
Requisiten nicht zu erkennen.

Wir haben allerdings keine Nachrichten über die Umstände
der Entstehung des Kinderliedes. Es trat auch nicht in einem
Einzeldruck ans Licht der Öffentlichkeit, wie es bei den meisten Liedern Luthers der Fall war, sondern findet sich sogleich
in einem Wittenberger Gesangbuch von 1535. Nun lebten in
diesem Jahr in Luthers Haushalt vier eigene Kinder; das
älteste von ihnen, Hänschen, war neun Jahre alt. Es ist also
gut möglich und wird schon in frühen Überlieferungen
behauptet, dass Luther das Lied zunächst für die häusliche

Weihnachtsfeier im Kreis seiner Familie und des Hausgesindes geschrieben hat, natürlich nicht ohne Hinblick auf eine weitere Verbreitung und auf einen größeren ‚Spielerkreis'. Luther war durchaus ein Freund des alten geistlichen Schauspiels, und er hat sich mehrfach dafür ausgesprochen, es unter den reformatorischen Voraussetzungen weiter zu pflegen. Dass er diese Empfehlung auch in seiner häuslichen Weihnachtsfeier umgesetzt hat, als seine Kinder heranwuchsen, liegt anzunehmen nahe.

Jedenfalls lässt sich unser Lied in einen häuslichen Rahmen und in Luthers eigenes Haus gut einpassen. Im Gewand eines Engels verkündigt ein Bote die weihnachtliche Kunde, möglicherweise unmittelbar einigen zugleich auftretenden Hirten, und verweist auf die Krippe und die Windeln als Erkennungszeichen. Dann werden alle, zumal die Kinder, aufgefordert, in das Weihnachtszimmer zu treten, in dem – der Weihnachtsbaum war noch unbekannt – die Krippe steht. Dort sagt oder singt jeder, der Krippe zugewandt, seinen Vers, in dem er zum Ausdruck bringt, dass und wie er das Geschehen der Weihnacht versteht und wie er sich in diesem Geschehen selbst versteht. Siebenfach werden Dank und Lobpreis laut, aus dem Mund der Kinder, vielleicht auch des Knechtes und der Magd und der Eltern selbst. Sie nahen der Krippe als bzw. wie die Hirten und die Weisen aus dem Morgenland.

Und dann – und damit sind wir bei den beiden Schlussstrophen des Liedes – scheinen alle oder zumindest die Kinder im Reigen die Krippe umtanzt zu haben. Im Rückblick auf alles, was er gehört, gesehen und verstanden hat, singt nämlich ein jeder im Chor mit den anderen:

> „Davon ich allzeit fröhlich sei,
> zu springen, singen immer frei,
> das rechte Susaninne schön,
> mit Herzenslust den süßen Ton."

Dass Kinder die in der Kirche aufgestellte Krippe umtanzten, dabei auch in die Hände klatschten, während die Erwachsenen sangen, wird uns nicht selten bezeugt, wie denn König David auf den mittelalterlichen Bildern gerne dargestellt wird, wie er vor der Bundeslade hertanzt. Geistliches und Weltliches waren zu Luthers Zeiten noch nicht in unserer Weise geschieden, und darum konnte auch der Tanz ein Ausdruck geistlicher Freude sein. Und weil die Engel im Himmel zum Lobe Gottes im Reigen tanzen, spiegelt die Harmonie eines chorischen Tanzes auf Erden die paradiesische Welt wider. Das „zu springen, singen immer frei" in der vorletzten Strophe von Luthers Kinderlied auf die Weihnacht dürfte also nicht nur eine innere, sondern auch eine äußere Bewegung im Blick haben.

Ein Tanzlied

Dafür spricht auch die Beobachtung, dass sich insofern Beginn und Ende des Liedes entsprechen. Denn die Eingangsstrophe, das ist nun nachzutragen, hat Luther aus einem Volkslied übernommen, und zwar aus einem Tanzlied, wie überhaupt die Umdichtung von Tanzliedern in geistliche Lieder ganz verbreitet war. Dies Tanzlied gehört zur Gattung der Kranzlieder: Die Mädchen trafen sich, mit Kränzen geschmückt, auf dem Dorfplatz mit den Burschen zu Gesang und Reigentanz, und die Burschen ersangen sich die Kränze der Mädchen. Im vorliegenden Fall wird das Kranzlied von einem fahrenden Sänger angestimmt, so dass dementsprechend auch die Weihnachtsbotschaft wie von einem Marktschreier vorgetragen wird, der die Neugier der Menge mit Neuigkeiten aus aller Welt zu befriedigen trachtet – ein Verfahren, dass auch Paul Gerhard später noch bei seinen Passionsliedern anwenden wird.

Die Eingangsstrophe des Tanzliedes lautet:

> „Ich komm aus fremden Landen her
> und bring euch viel der neuen Mär,
> der neuen Mär bring ich so viel,
> mehr denn ich euch hier sagen will."

Aber nicht nur eröffnet Luther sein Lied mit einem solchen jedermann erkennbaren Plagiat, indem er das „aus fremden Landen" zu dem „Vom Himmel hoch" erhebt und damit die überragende Bedeutung der folgenden Botschaft ansagt. Er gibt ihm zunächst – es handelt sich noch nicht um die uns bekannte Melodie – auch die Melodie des vertrauten Tanzliedes mit. Das Gesangbuch von 1535, in dem das Lied zum ersten Mal veröffentlicht wurde, enthält zwar keine Noten, gibt aber an, man solle es singen „im Ton wie man um Kränze singt". In Text *und* Melodie knüpft Luther also an ein weltliches Tanzlied an, und diese Beobachtung bestätigt die Ansicht, dass man das „zu springen, singen immer frei" durchaus wörtlich und anschaulich verstehen darf. Die ursprüngliche Tanzmelodie ist später zu Luthers Weihnachtslied „Vom Himmel kam der Engel Schar" gewandert und findet sich auch heute noch, mit diesem Lied aus dem Jahre 1543 verbunden, im Evangelischen Gesangbuch.

Der Gesang, der den Reigen begleitet, wird in der 14. Strophe als „das rechte Susaninne schön" bezeichnet. ‚Susaninne' ist das Wiegenlied, wie denn auch in den Wiegenliedern zur Krippe das ‚Susanni, Susanni' wie das ‚Eia, Eia' nicht selten begegnen. Die Herkunft dieser Bezeichnung ist nicht ganz deutlich zu bestimmen, aber sie ist zweifellos in einem mütterlichen Kosewort zu suchen, das den Säugling in den Schlaf lullt: Su, su, su; „Suse, liebe Suse, was raschelt im Stroh ...". Nun passt allerdings ein Wiegenlied nicht zum Reigentanz, und überhaupt hält Luther jede Idylle von seinem Kinderlied fern, wie sie das wunderschöne Kind in lockigem Haar, das in der Krippe liegt und in den Schlaf gewiegt wird, unvermeidlich vermittelt; Maria und Joseph werden im Lied ja überhaupt nicht erwähnt. Dem ganzen Lied ist jede Gefühlsseligkeit fremd; es ist, wie noch zu zeigen sein wird, streng theologisch ausgerichtet. Aber es ist ja auch die Rede von dem „rechten Susaninne", also von dem richtigen, zu diesem Krippenkind passenden Lied.

Dies Lied nun wird nicht in einem gemeinsamen Chor der Kinder angestimmt. Vielmehr heißt es: „zu springen, singen immer frei ... mit Herzenslust den süßen Ton." Da springt und singt also anscheinend jeder nach seines Herzens Lust und seiner Glieder Vermögen, wie er kann; es springen ja auch die Kleinen mit, die noch nicht im Chor singen können. Darum wird auch in dieser Strophe noch das ‚ich' festgehalten, das jedem erlaubt, nach seiner Fasson und nach Kunst und Können zu singen und zu springen: „Davon *ich* immer fröhlich sei, zu springen, singen immer frei." Man hat durchaus Luthers eigene Kinder vor Augen, von denen das jüngste zu Weihnachten 1535 gerade laufen gelernt hatte. Aber alles, was gesungen und gesprungen wurde, war nach dem, was die Kinder selbst zuvor im Angesicht der Krippe gesagt hatten, doch auf *einen* süßen Ton gestimmt, war Ausdruck eines gemeinsamen Liedes, der gemeinsamen Weihnachtsfreude.

Und dies gemeinsame Lied wird in der letzten Strophe angestimmt, in der sich darum auch das ‚wir' wieder einstellt:

> (15) „Lob, Ehr sei Gott im höchsten Thron,
> der uns schenkt seinen ein'gen Sohn.
> Des freuet sich der Engel Schar
> und singet uns solch neues Jahr."

Diese abschließende Strophe nimmt den Gesang der himmlischen Heerscharen auf dem Hirtenfeld auf, „die lobten Gott und sprachen: Ehre sei Gott in der Höhe und Frieden auf Erden unter den Menschen seines Wohlgefallens" (Lukas 2,13–14). So lautet also der eine ‚süße Ton', der vor der Krippe vielstimmig angestimmt und von dem Reigen der Kinder begleitet wird. Das ist zweifellos der passende Gesang am Ende des Weihnachtsliedes, den nun gewiss nicht nur die Kinder, sondern alle Anwesenden in einem gemeinsamen Chor anstimmen; denn in dem Chor der Engel brachte schon der Erzähler der Weihnachtsgeschichte zum Ausdruck, worin die Botschaft seiner Erzählung zu suchen ist.

Wenn diese Botschaft, derer sich der Engel Schar freut, „uns solch neues Jahr" eröffnet, wie die letzte Zeile lautet, erinnert dieser das ganze Lied abschließende Ausdruck nicht nur daran, dass man den Jahresanfang bis an die Schwelle der Neuzeit unterschiedlich festgelegt hat und dass die auch von Luther empfohlene Festlegung auf den Tag der Geburt Jesu ihren guten Sinn gerade deshalb hat, weil wir ja jedes unserer Jahre zählen *post Christum natum:* nach Christi Geburt. Wir haben es aber zugleich und vor allem mit einem Hinweis auf den – theologisch gesprochen: eschatologischen – Sinn des weihnachtlichen Geschehens zu tun. Das ‚neue Jahr', von dem die Rede ist, ist nicht nur ein neues Jahr in der fortwährenden Kette der Jahre unseres Lebens oder der Weltgeschichte. Es ist „*solch* neues Jahr", nämlich das *eine* neue Jahr entsprechend dem neuen Bund, der neuen Kreatur, dem neuen Herzen, dem neuen Lied, der neuen Lehre, der neuen Geburt, dem neuen Jerusalem, dem neuen Himmel und der neuen Erde, also entsprechend der einmaligen und unwiderruflichen Neuheit gemäß dem Wort im letzten Kapitel der Bibel: „Siehe, ich mache alles neu".

In dieser fundamentalen theologischen Aussage, mit der das Lied schließt, kulminiert die Weihnachtsbotschaft des Liedes, der wir nun noch unsere besondere Aufmerksamkeit zuwenden wollen.

Die Botschaft des Liedes

Luther setzt gleich zu Beginn des Liedes einen deutlichen theologischen Akzent. Über die biblische Erzählung hinausgehend, heißt es bei der Vorstellung des Kindes in der Krippe: „Er ist der Herr Christ, unser Gott." Mit dem „unser Gott" nimmt Luther die zentralen Aussagen des nizänischen Glaubensbekenntnisses aus dem Jahre 325 auf, in dem von Jesus Christus gesagt wird: „Gott von Gott, Licht vom Licht, wahrer Gott vom wahren Gott, gezeugt, nicht geschaffen, eines Wesens *(homousios)* mit dem Vater," – Aussagen, die ihrerseits auf den Beginn des Johannesevangeliums zurückweisen, dessen Eingangsworte sie auslegen wollen: „Im Anfang war das Wort, und das Wort war bei Gott, und Gott war das Wort ..." (Joh 1,1).

Ursprung und Geschichte des nizänischen Glaubensbekenntnisses gehören zu den zentralen Problemfeldern nicht nur der Kirchen- und Dogmengeschichte. Denn welche politischen Gründe haben den noch nicht getauften Kaiser Konstantin bewogen, ein erstes Reichskonzil nach Nizäa einzuberufen und in eigener Person zu leiten, um eine kirchliche Lehrfrage zu entscheiden? Und was führte im Anschluß daran zu den leidenschaftlichen und vielfach unwürdigen Auseinandersetzungen zwischen den Orthodoxen, die das Nizänum verteidigten, und den Anhängern des Presbyters Arius, die es bekämpften? Es würde zu weit gehen, wollten wir versuchen, diese Fragen im Einzelnen zu beantworten. Dass die Sätze des Nizänums, die ursprünglich als Doxologie formuliert sind, uns heute vielfach als Spekulation erscheinen, hängt wesentlich damit zusammen, dass uns die Denkweise jener Zeit, die den dynamischen Gottesbegriff der biblischen Überlieferung – Gott *tut* etwas – in das substanzhafte griechische Denken überführte – Gott *ist* etwas –, fremd würde. Indessen ist der Kern des Streites auch heute noch zu erfassen, seine Leidenschaft zu begreifen und zugleich zu verstehen, warum auch Luther, selbst in einem Kinderlied, deutlich Partei ergreift.

Für Arius war Jesus Christus ein Geschöpf, dem Wesen Gottes in allem fremd und unähnlich. Wenn aber dies Geschöpf als Heiland der Welt verkündigt wird, so erklärten die Gegner des Arius nicht ohne Grund, ist das Geschaffene selbst zur Erlösung fähig, liegt das Heil in der Hand der heillosen Kreatur, verwischt sich die Grenze zwischen Gott und Mensch, verkehrt sich die biblische Botschaft in einen Humanismus, in dem das Ideal-Menschliche, das doch auch nur Menschlich-Allzumenschliches ist, mit dem Göttlichen verschmilzt, so dass der Mensch ganz auf sich selbst zurückgeworfen wird.

Demgegenüber ging es dem Wortführer der Orthodoxen, dem Bischof Athanasius von Alexandrien, zugleich um die Gottheit Gottes und um die Menschheit der Menschen. Gott ist im Himmel und der Mensch auf der Erde; er ist der Gerechte und der Mensch Sünder; er wohnt in einem Licht, da niemand zukommen kann, der Mensch aber in der Finsternis, die das Erdreich bedeckt. Dass deshalb *Gott selbst* dem

Menschen begegnen muss, will der Mensch Gott begegnen und in solcher Begegnung zu sich selbst kommen, ist der Sinn des immer wiederholten Satzes, dass *Gott selbst* in Jesus Mensch wurde, also des „Gott von Gott, Licht vom Licht, wahrer Gott vom wahren Gott". Insofern geht es im Nizänum nicht um eine Spekulation über das Göttliche, sondern um die Wahrheit des Menschseins. Luther wird deshalb nicht müde, in seinen Weihnachtsliedern diesen Sachverhalt in immer neuen Wendungen auszudrücken:

> „Den aller Weltkreis nie beschloss,
> der liegt in Marien Schoß;
> er ist ein Kindlein worden klein,
> der alle Ding erhält allein."

> „Das ewig Licht geht da hinein,
> gibt der Welt ein neuen Schein;
> es leucht wohl mitten in der Nacht
> und uns des Lichtes Kinder macht." (1524)

> „Was kann euch tun die Sünd und Tod?
> Ihr habt mit euch den wahren Gott;
> lasst zürnen Teufel und die Höll,
> Gotts Sohn ist worden eu'r Gesell." (1543)

Und demgemäß entsprechen in unserem „Kinderlied auf die Weihnacht Christi" dem nizänischen Spitzensatz „Es ist der Herr Christ, euer Gott" die darauf folgenden Totalitätsaussagen: „Er will euch führn aus *aller* Not"; „von *allen* Sünden machen rein"; „er bringt euch *alle* Seligkeit". Das ist keine leere Rhetorik, sondern Ausdruck des Bekenntnisses: Wo Gott sich selbst schenkt, ist dem Menschen *alles* geschenkt; wo aber der Mensch auf sich selbst verwiesen wird, spricht er auch selbst das letzte Wort über sich und beginnt kein neues Jahr.

In den 30er Jahren des 20. Jahrhunderts standen die Arianer in hohem Kurs, hatten doch die Westgoten durch Wulfilas als erster germanischer Stamm das Christentum angenommen, und zwar in einer arianischen Gestalt. Da von

ihnen aus das christliche Bekenntnis zu den anderen ost-
germanischen Stämmen gelangte, wurden diese sämtlich
Arianer. Das entspräche, so wurde gesagt, dem heldischen
Selbstbewusstsein der Germanen und sei Vorbild für den
Aufbruch der nordischen Rasse in ein neues Zeitalter. Arius
wurde zum Heros der Arier. Nun ist es, historisch gesehen,
eher Zufall gewesen, dass Wulfilas zu einer Zeit, als im Osten
des römischen Reichs die dogmatischen Auseinandersetzungen lebhaft im Gang waren, im Jahre 341 von einem Arianer
zum Missionsbischof geweiht wurde, und es wäre zugleich
töricht, den Arianismus zum Sündenbock für die Verbrechen
der Menschheit zu machen. Aber die Erinnerung an die 30er
Jahre des verflossenen Jahrhunderts zeigt doch, um welche
Entscheidung es auf dem Konzil zu Nizza letztes Endes ging,
und dass diese Entscheidung, zu der auch Luther sich in
seinen Weihnachtsliedern nachdrücklich bekennt, eine zu
allen Zeiten aktuelle Entscheidung ist: Der Mensch, der sich
auf den Thron Gottes setzt, verliert nicht nur Gott, sondern
ruiniert auch sich selbst; der Mensch, der sich zum Erlöser
der Menschen berufen weiß, wird zu dessen Verderber. Nicht
nur unsere Generation hat es vielfältig erfahren.

Die Paradoxien des weihnachtlichen Geschehens, die
Luther im Angesicht der Krippe vielfältig aus Kindermund
laut werden lässt, sind konkreter Ausdruck dieser Botschaft:

> „Ach Herr, du Schöpfer aller Ding,
> wie bist du worden so gering,
> dass du da liegst auf dürrem Gras,
> davon ein Rind und Esel aß."

Eine ausdrückliche Deutung dieser ‚Erniedrigung Gottes' gibt
Luther in der weiteren Strophe:

> „Das hat also gefallen dir,
> die Wahrheit anzuzeigen mir,
> wie aller Welt Macht, Ehr und Gut
> vor dir nichts gilt, nichts hilft noch tut."

Diese Strophe des Kinderliedes auf die Weihnacht erinnert an einen anderen berühmten Vers Martin Luthers:

„Mit unsrer Macht ist nichts getan,
wir sind gar bald verloren.
Es streit für uns der rechte Mann,
den Gott selbst hat erkoren."

Der Weg, der dem Menschen Heil bringt, führt nicht von unten nach oben, sondern von oben nach unten. Es ist diese einfache Kunde, die dem Weihnachtsfest den von seinem Ursprung her fröhlichen Charakter gibt, die im Tanz um die Krippe ihren Ausdruck findet und die unseren Wunsch ‚Frohe Weihnacht' eigentlich begründet. Der Mensch wird von einer Last befreit, die zu tragen er nicht imstande ist. Er ist nicht der Erretter, sondern er bedarf der Rettung. Er ist nicht der Heiland der Welt, sondern ist des Heils bedürftig. Die Weihnachtsbotschaft sagt ihm, dass er sein darf, was er ist, und dass er als Empfangender sein Leben hat.

Die Melodie des Liedes

Luther hat für sein Lied, das ja zunächst nach der volksliedhaften Weise des Kränzetanzes gesungen wurde, einige Jahre später, 1539, eine eigene Melodie geschrieben, nämlich die uns heute bis in den Weihnachtsmarkttrubel hinein vertraute Melodie. Dass er inzwischen Anstoß an der weltlichen Tanzmelodie genommen haben sollte, ist eine unwahrscheinliche Annahme; denn das Lied selbst bleibt durchaus seiner Anknüpfung an den fahrenden Sänger verbunden, und die neue Melodie ist nicht weniger fröhlich und volkstümlich als die alte.

Schaut man sich die neue Melodie genauer an, so dürfte Luthers Absicht gewesen sein, dem theologischen Gedanken des Liedes auch durch dessen Melodie unmittelbaren Ausdruck zu geben. Die Melodie beginnt nämlich mit dem hohen c, dem königlichen Oktavton, an den sie auch in den ersten drei Zeilen gebunden bleibt. Dem entspricht nicht nur das „Vom Himmel hoch", sondern auch und vor allem das „Er ist der Herr Christ, unser Gott". In der letzten Zeile aber steigt die Melodie in gelassenen Sekundschritten stetig nach unten und durchschreitet die ganze Tonleiter, bis sie im Grundton, dem tiefen c, zur Ruhe kommt. In dieser einfachen melodischen Führung bildet sie das weihnachtliche Geschehen ab, die Erniedrigung des Schöpfers, das „du kommst ins Elend her zu mir".

In dieser Einheit von Wort und Ton ist Luthers Lied zu einem Kernlied der christlichen Weihnachtsfeier geworden, und wer auch immer den Sinn dieses Liedes erfasst hat, wird auch im weihnachtlichen Kaufhausgedudel noch etwas von seiner Botschaft vernehmen können, von der ‚Frohen Weihnacht, die es verkündigt. der ‚Fröhlichen Weihnacht' und dem ‚Neuen Jahr', die es ansagt. Mit Luthers Worten:

„Du kommst ins Elend her zu mir
wie soll ich immer danken dir."

Jochen Klepper lebte
von Weihnachten zu Weihnachten

Die Nacht ist vorgedrungen

Wir betrachten das Leben, das Werk und ein Weihnachtslied von Jochen Klepper, der sein Geschick tragen konnte, weil er von Weihnachtsfest zu Weihnachtsfest lebte.

Das Leben

Jochen – eigentlich Joachim – Klepper wurde am 22.3.1903 in dem niederschlesischen Landstädtchen Beuthen – im Unterschied zu der großen oberschlesischen Stadt Beuthen ‚Kuh-Beuthen: genannt – als drittes von fünf Kindern in einem wohlhabenden Pfarrhaus geboren. Seine als sehr charmant gerühmte Mutter, der er vor allem die künstlerische Begabung verdanken dürfte, war französischer Abstammung.

Er besuchte nur kurz die Volksschule und wurde im Übrigen von seinem Vater selbst in dessen kleiner Privatschule unterrichtet, bis er in die Untertertia des humanistischen Gymnasiums im nahe gelegenen Glogau aufgenommen wurde, das er mit dem Abiturzeugnis verließ. Sein Tauf- und Konfirmationsspruch hat ihn in besonderer Weise lebenslang begleitet: „Fürchte dich nicht! Ich habe dich erlöst; ich habe dich bei deinem Namen gerufen: du bist mein" (Jes 43,1). In seinem ersten, 1933 veröffentlichten Roman ‚Der Kahn der fröhlichen Leute' spiegelt sich manches von seiner unbeschwerten Jugend in dem damals noch deutschen schlesischen Odertal wider.

Er studierte seit 1922 in Breslau und Erlangen Theologie, fühlte sich aber aus gesundheitlichen Gründen – er litt bis in sein viertes Lebensjahrzehnt unter heftigen oftmals lebensbe-

drohenden Asthma-Anfällen und neurotischen Kopfschmer-
zen – den Aufgaben des Pfarramts nicht gewachsen. Auch
wusste er sich zum Schreiben mehr als zum Reden berufen.
Er brach daher 1927 sein Studium ohne Abschluss ab und
arbeitete – zusammen mit dem Laienspielautor Rudolf Mirbt
und dem Schriftsteller Kurt Ihlenfeld – im Evangelischen
Presseverband für Schlesien und als freier Journalist. So
kommt er ans Schreiben, und nachdem schon 1924 mit der
‚Schlesischen Funkstunde' der Rundfunk seine Sendung aufgenommen hatte, ist er an der Entwicklung dieses neuen
Mediums maßgeblich beteiligt. 1929 zog er in Breslau als
Untermieter bei der Witwe Hannelore Stein ein, einer Jüdin
mit zwei sieben- und neunjährigen Töchtern. Zwei Jahre
später heiraten beide. Das Glück dieser unzertrennbaren Ehe
wurde sein Schicksal. Zwischen Jochen und der jüngeren
Tochter Renate bestand ein besonders inniges Verhältnis.
Bald nach seiner Hochzeit zieht die vierköpfige Familie
nach Berlin-Südende, und Ende 1932 nimmt er eine Tätigkeit
beim Berliner Rundfunk, damals ‚Berliner Funkstunde'
genannt, auf, die er schon im Juni 1933 auf Drängen des
Propagandaministeriums aufgeben muss. Danach gelingt es
ihm, im Ullstein-Verlag als Redaktionssekretär einer dort
erscheinenden Rundfunkzeitung tätig zu werden, bis er 1935
auch diese Stelle wegen seiner ‚jüdischen Versippung' verliert. Was wir in den folgenden Jahren aus seinen ausführ-
lichen Tagebüchern und den reichlich erhaltenen Archivalien
erfahren, dokumentiert nicht nur die menschenverachtende
Rassenpolitik jener Zeit, sondern verschafft auch in einzigartiger Weise Einblicke in das Funktionieren eines totalitären
Systems überhaupt mit seiner Willkür und Unberechen-
barkeit, in die Kulturpolitik des ‚Dritten Reiches', in die
Gegensätze zwischen Staat und Partei, in Charakterlosigkeit
und moralische Standfestigkeit. Nur weniges davon kann im
Folgenden in Erinnerung gerufen werden.
Am 25.3.1937 wird Klepper wegen seiner ‚jüdischen Ver-
sippung' aus der Reichsschrifttumskammer ausgeschlossen:
Das bedeutet: Er darf nichts mehr veröffentlichen. Kurz
zuvor war sein Roman ‚Der Vater' erschienen, ein Buch über

den Soldatenkönig Friedrich Wilhelm I, der in jenen Jahren als Leitfigur galt, die erst im Krieg durch Friedrich den Großen abgelöst wurde. Sofort setzt eine hektische Aktivität der oft in einflussreichen Stellungen befindlichen Freunde Kleppers ein, ihm für seine Veröffentlichungen eine Sondergenehmigung zu erwirken. Sein Buch wird dem Oberkommandierenden der Wehrmacht und dem Oberbefehlshaber des Heeres ausgehändigt; der Frontakademikerbund schenkt es Hitler zum Geburtstag; Göring erhält es von Werner Beumelburg als Gastgeschenk, als dieser in die Schorfheide zur Jagd eingeladen wird. Sechs Monate später bekommt Klepper die angestrebte Sondergenehmigung, die ihn jedoch verpflichtet, jede Veröffentlichung der Reichsschrifttumskammer zur Genehmigung vorzulegen.

Als Klepper auf seine Vorlagen monatelang ohne Antwort bleibt, weil keiner der Verantwortlichen wagt zu genehmigen oder abzulehnen, wendet er sich an Goebbels persönlich. „Den Brief ab Goebbels musste ich mit ‚Heil Hitler' unterzeichnen. Ich habe nun das Letzte auf mich genommen", schreibt Klepper am 12.12.1937 in sein Tagebuch. Diese Intervention zeigt unerwartete Wirkung. Nicht nur erteilt die Reichsschrifttumskammer plötzlich die verzögerten Genehmigungen, das Genehmigungsverfahren wird auch bald von der Kammer an das Propagandaministerium selbst verlagert. Dort wird Dr. Hugo Koch Kleppers zuständiger Sachbearbeiter, ein glücklicher Umstand: Koch hat volles Verständnis für Kleppers persönliche Situation, und was Klepper in seinem Tagebuch über die zahlreichen Unterredungen mit Koch notiert, hätte diesen in äußerste Bedrängnis gebracht, wäre das Tagebuch in die Hände der Gestapo gefallen. Alle Publikationspläne Kleppers werden nun ohne weiteres genehmigt, aber Koch sagt ihm Ende 1938 auch, dass er nicht die Macht habe, seine Frau und Töchter zu beschützen.

Kurz vor Kriegsausbruch bezieht Klepper mit seiner Familie ein eigenes Haus in der Teutonenstraße in Berlin-Nikolassee, und zur gleichen Zeit gelingt es, der älteren Tochter die Ausreise nach England zu ermöglichen. Die geforderte Scheidung von seiner Frau kommt für Klepper nicht infrage. 1941 wird er Soldat; er erhofft sich als Angehöriger der Wehrmacht Schutz für Frau und Tochter, aber im September 1941 können ihn auch die zahlreichen Freunde im Offizierkorps nicht mehr halten. Er wird wegen seiner ‚jüdischen Versippung‘ aus der Wehrmacht entlassen. Nun droht die Zwangsscheidung. Noch einmal zeigt sich ein Lichtblick. Anfang Dezember trifft die Einreiseerlaubnis der schwedischen Regierung für die zweite Tochter Renate ein. Sofort bittet Klepper bei Innenminister Frick, der den Roman ‚Der Vater‘ mehrmals selbst verschenkt hatte, persönlich um die Ausreiseerlaubnis. Frick bedauert aufrichtig, eine Ausreisegenehmigung nicht erteilen zu können; das könne nur noch Adolf Eichmann, also der mit der ‚Endlösung‘ beauftragte Chef des Sicherheitsdienstes der Gestapo. Eichmann empfängt Klepper, bestellt ihn noch einmal auf den folgenden Tag. Es ist der 10.12.1942. Eichmann lehnt Renates Ausreise ab. Das war das Ende. Am Abend klopft Klepper bei seinem Nachbarn ans Fenster: Er sagt ihm, er fürchte eine Hausdurchsuchung durch die Gestapo und wolle einige Manuskripte in Sicherheit bringen. So wird auch sein Tagebuch bewahrt. In der folgenden Nacht scheidet Jochen Klepper mit Frau und Stieftochter Renate aus dem Leben. Von Selbstmord zu reden wäre unangemessen. Nach allen erlittenen Qualen der vergangenen Jahre war dieser Schritt ein Weg in die Freiheit. Am Weihnachtsabend zuvor hatte Klepper in sein Tagebuch geschrieben – *ein* Beispiel für diese qualvolle Zeit –: „Wir gingen ... zur Kirche, zur zweiten Christmette um sechs... Als die Glocken läuteten, saßen wir schon in der Kirche, jedoch nicht auf dem gewohnten Platz, sondern dahinter, weil Renate mit ihrem gelben Stern hinter einer Säule verborgen sein wollte." Im Prozess gegen Eichmann wurde auch Kleppers Tagebuch als Zeugnis eingeführt. Die letzten Sätze dieses einzigartigen Tagebuchs sind oft zitiert worden:

„Nachmittags die Verhandlung auf dem Sicherheitsdienst.
Wir sterben nun – ach, auch das steht bei Gott –
Wir gehen heute nacht gemeinsam in den Tod.

Über uns steht in den letzten Stunden das Bild des segnenden Christus, der um uns ringt.
In dessen Anblick endet unser Leben.“

Das Werk

Seine Tagebücher, aus denen bereits einiges zitiert wurde, hat Klepper seit 1932 täglich geführt und bald jede Eintragung mit einem Bibelwort eröffnet, das in seinen Aufzeichnungen inhaltlich und sprachlich nachklingt. Sie wurden 1956 mit einem Vorwort seines katholischen Dichterfreundes Reinhold Schneider und mit dem Titel ‚Unter dem Schatten Deiner Flügel‘ herausgegeben und sind ein einzigartiges Zeugnis einer ganz besonderen menschlichen Existenz in einer für uns unbegreiflich gewordenen Zeit. Mit Ergriffenheit verfolgt der Leser, wie sich die persönliche Tragik und die öffentliche Katastrophe miteinander verschlingen und entwickeln und wie Klepper zugleich in dieser rasant dahinstürmenden Zeit seinen Weg unbeirrbar gehen konnte, indem er sich nicht am bürgerlichen, sondern am Kirchenjahr orientierte. Neben dem frommen Herz, dem eigenen Haus, den vielen Freunden, der Stadt Berlin und der schlimmen Zeit begegnet man auch dem Wachsen der beiden Werke, mit denen Klepper unsere Kultur unauslöschlich bereichert hat und die im folgenden vorgestellt werden.

Das 1937 erschienene Buch mit dem Titel ‚Der Vater. Roman eines Königs‘ wurde schon erwähnt. Die Bezeichnung Roman ist freilich nicht unproblematisch. Klepper erfindet nichts. Er beherrschte von seinem Theologiestudium her die historisch-kritische Methode, und sein Buch beruht auf gründlicher wissenschaftlicher Forschung. Er hat die umfangreiche Sekundärliteratur gelesen und in intensiven Studien, vor allem im Hohenzollernschen Hausarchiv, unbekanntes Material erschlossen und dabei zahlreiche der als unlesbar geltenden deutschen und französischen Briefe des Soldatenkönigs entziffert. Auf solcher Arbeit beruht seine historisch zuverlässige *Erzählung,* wie er selbst sein Buch bezeichnet.

Für den Historiker ist diese Erzählung freilich zu subtil. Er findet zwar in den mehr als 1000 spannend zu lesenden Seiten des Buches alles das wieder, was ihm für seine eigene motivierende und beurteilende Darstellung der 27 Jahre einer Regentschaft wichtig erscheint, die Preußens Größe begründete, darunter das auch schon damals unzeitgemäße Prinzip des Königs, die Ausgaben des Staates an den Einnahmen zu orientieren – und nicht umgekehrt – und als guter Haushalter die Wirtschaftskraft des Landes zu mehren; oder das Heer zu stärken, um durch Macht den Frieden zu bewahren; aber auch den barocken Poltergeist, der nahe daran war, seinen eigenen Sohn hinrichten zu lassen, und der sich als sein Spielzeug die langen Kerls viel kosten ließ. Alles das aber, was dem Historiker wichtig ist, erscheint bei Klepper eher als Beiwerk. Er blickt vielmehr in das *Herz* des Königs, in das Herz eines Autokraten, der aber das ‚Herrscher von Gottes Gnaden' ernst nahm. Klepper stellt seinem Buch ein eigenes Wort des Königs als Motto voran: „Könige müssen mehr leiden können als andere Menschen", nämlich mehr leiden unter der Last ihrer Schuld, die sie zu tragen haben – und von Gottes Gnaden tragen dürfen –, wenn sie das Wohl ihres Landes dem eigenen Wohlergehen und dem Wohl ihrer Nächsten voranstellen; wenn sie Gottes Ordnung in der Unordnung der Menschenwelt Geltung verschaffen wollen und doch nicht Gott sind, sondern nur Mensch; wenn sie nicht vergeben dürfen wie andere Menschen, sondern richten müssen, um dem Übel zu wehren. In diesem Königsschicksal glaubte Klepper, inmitten der dunklen Welt die Spuren Gottes in einem menschlichen Dasein erkennen zu können – ein Exempel seiner eigenen Daseinsproblematik. Klepper erzählt in einer auch sprachlich suggestiven Weise von diesem Dasein; denn er ist überzeugt, dass man ein solches Lebensgeschick nicht analysieren und motivieren, sondern nur *erzählen,* es nur *nachzeichnen* könne. So entsteht eine historische Erzählung, in der sich in der politischen Leistung des Königs ebenso wie in seiner problematischen Persönlichkeit der eigentliche Gegenstand nur spiegelt, nämlich das an Gottes Gnade gebundene Herz des Königs. Darum gewinnt dessen skrupulöse Frage, ob seine Liebe zur Jagd nicht Sünde sei, ebenso viel Gewicht wie die Desertion des Sohnes, in der natürlich auch Kleppers Darstellung kulminiert, und nicht ohne Grund ist jedem der 15 Kapitel des Buchs ein Bibelspruch aus den Weisheitsbüchern des Alten Testaments vorangestellt: „Den Königen ist Unrecht tun ein Greuel; denn durch Gerechtigkeit wird der Thron befestigt"; oder: „Es ist Gottes Ehre, eine Sache zu verbergen; aber des Königs Ehre ist's, eine Sache erforschen". Wenn er den Sohn mit Gewalt nach seinem eigenen Bilde formen wollte, bedeutete das für den Soldatenkönig, ihn in die gleiche Gottesordnung zu zwingen, in der sein eigenes Herz lebte. Aber Kleppers Erzählung lässt auch erkennen, wie dem Vater aufgeht, dass er sich damit an Gottes Stelle setzte, und wie er dem Sohn jene Freiheit geben musste, die Gottes Freiheit Raum gibt, Neues zu schaffen.

Die Aufnahme des Buches war auch bei den Wortführern des Systems zwiespältig. Einerseits konnte man es eine Unverfrorenheit nennen, dass ein jüdisch Versippter ein Buch über den Vater Friedrichs des Großen schreibt. Andererseits brachte der Völkische Beobachter, das Zentralorgan der Partei, eine wohlwollende Besprechung, obschon die Reichsschrifttumskammer von Besprechungen abriet. Einerseits gilt das Buch als exemplarische Beschreibung eines erfolgreichen Führerstaates, andererseits wird es den Machthabern seiner Zeit als kritischer Spiegel vorgehalten. Wenn bis Kriegsende mehr als 100 000 Exemplare verkauft wurden, ist dies vor allem denen zu verdanken, die, ob sie mit dem System sympathisierten oder nicht, in Kleppers Vater den vorbildlichen Herrscher erkannten. In vielen Häusern findet sich noch heute jenes Exemplar, das die Eltern oder Großeltern sich auf Empfehlung der Bekennenden Kirche kauften und oft leidenschaftlich gelesen haben. Klepper hatte freilich das eine, das ihn betroffen machte, so wenig wie das andere, das ihn erfreute, im Sinn gehabt, als er den ‚Vater' schrieb. Er konnte erklären, das Buch gehöre gar nicht der Politik, sondern der Kirche. Es hat ihn darum sehr getroffen, dass ausgerechnet sein von ihm hoch verehrter Breslauer Lehrer Rudolf Hermann mit seinen kritischen Fragen in das Zentrum des

Buches traf: „Ist denn der christliche Epiker ein Herzenskündiger wie Gott? Wieso erkennt er die Führung Gottes? Ist Gottes Handeln nicht sehr oft *nicht* zu erkennen?" – Das sind Fragen, die auch den begleiten, der sich an die nach wie vor faszinierende Lektüre des ,Vaters' macht.

Ohne jede Frage aber ist das andere Buch Kleppers bleibend aktuell, mit dem vor allem anderen er sich einen unverlierbaren Platz in unserer Kultur- und Geistesgeschichte gesichert hat: Eine kleine Broschüre mit rund dreißig geistlichen Liedern, die zuerst 1938 unter dem Titel ,Kyrie' erschien und die noch zweimal in erweiterter Gestalt vor Kleppers Tod erscheinen konnte – eine erstaunliche Renaissance der geistlichen Dichtung, die im 20. Jahrhundert den gleichen Rang einnimmt wie Luthers Lieder im 16., Paul Gerhardts im 17. und Philipp Spittas im 19. Jahrhundert. Zwölf Gesänge daraus wurden inzwischen in das ,Evangelische Gesangbuch', nicht wenige auch in das katholische ,Gotteslob' aufgenommen. Alle Festtage des Kirchenjahres werden von Klepper mit einem Lied berücksichtigt, das ihm besonders wichtige Weihnachtsfest aber gleich mit sechs Liedern, dazu Hochzeit und Geburtstag, Taufe und Konfirmation, der Morgen und der Abend und ungewöhnlicherweise findet sich auch ein Mittagslied:

> „Der Tag ist seiner Höhe nah.
> Nun blick zum Höchsten auf,
> der schützend auf dich niedersah
> an jedes Tages Lauf."

In die elf Strophen seines Abendlieds verdichtete Klepper, wie das Tagebuch mitteilt, „meine ganze Lehre":

> „Ich liege, Herr, in deiner Hut
> und schlafe ganz mit Frieden.
> Dem, der in deinen Armen ruht,
> ist wahre Rast beschieden."

Die besonders eindrücklichen Verse, die Klepper als ,Trostlied am Totensonntag' in seine Sammlung aufgenommen hat, hatte er für seine Stieftochter Renate geschrieben, als sie, die den Judenstern tragen musste, zu ihm sagte: „Nur einmal das Gefühl haben dürfen, dass es nicht immer noch schwerer kommt."

> „Nun sich das Herz von allem löste,
> was es an Glück und Gut umschließt,
> komm, Tröster, Heiliger Geist und tröste,
> der du aus Gottes Herzen fließt."

Während die Zensoren jener Zeit bemängeln, dass der Geist von Kleppers Liedern „absolut *jüdisch* genannt werden muss", verbreiteten sich die Lieder vor und im Krieg wie im Flug. Von allen Seiten werden Klepper Vertonungen seiner Lieder zugesandt, und wenn er in den letzten Monaten vor dem Ende beklagt, dass er kein Lied mehr dichten kann, erfährt er nach Ausweis der Tagebücher zugleich, dass, als das ,Kyrie' wegen Papiermangel nicht mehr gedruckt werden konnte, die Lieder handschriftlich weiter verbreitet werden, wie es auch zuvor schon der Fall gewesen war, bevor er auf seinen verständnisvollen Zensor Dr. Koch stieß.

Wir wollen eines der Weihnachtslieder näher betrachten. Dabei wird sich zeigen, was das Besondere der Dichtungen Kleppers ausmacht, nämlich dass jedem Lied ein Bibeltext zugrunde liegt, der aber nicht einfach paraphrasierend nachgedichtet wird, wie es die vielen Psalmlieder tun. Vielmehr wurde jeder Text von Klepper zunächst exegesiert, also theologisch ausgelegt, und in solcher Auslegung erhielt er sodann seine dichterische Fassung. Deshalb kann Klepper, als ihm viele Leser nach dem Erscheinen des Kyrie dankbar schreiben, in seinem Tagebuch vermerken, dass man die Heilige Schrift „sein Leben lang ,exegesierend' nicht wird ,ausdichten' können".

Ein Weihnachtslied

Im Römerbrief des Apostels Paulus lesen wir in 13,11-12:

„Und weil wir solches wissen, nämlich die Zeit, dass die
Stunde da ist, aufzustehen vom Schlaf – sintemal unser Heil
jetzt näher ist, denn da wir gläubig wurden; die Nacht ist
vorgerückt, der Tag aber nahe herbeigekommen –: so lasset
uns ablegen die Werke der Finsternis und anlegen die Waffen
des Lichts."

Dieser Abschnitt gehört seit der Zeit der Alten Kirche zur
Epistel des 1. Adventssonntags. Darum findet sich das Lied,
das Klepper aus diesem Text heraus gedichtet hat, in unserem
Gesangbuch unter den *Adventsliedern*. Klepper hat es aber
als *Weihnachtslied* in sein ‚Kyrie' aufgenommen. Das verweist auf eine theologische Problematik, die mit dem Verständnis der Zeit zu tun hat, von der es gleich zu Beginn
heißt: „Weil wir solches wissen, nämlich die Zeit" (im Urtext:
den *Kairos*). Das hier vorliegende Zeitverständnis dürfte das
der Apokalyptik sein. Die Apokalyptik scheidet strikt zwischen Finsternis und Licht, Nacht und Tag, Unheil und Heil.
Sie sieht die Gegenwart an als Zeit der Finsternis und des
Unheils, die unter dem Gericht Gottes seufzt. Sie erwartet
aber den baldigen Umbruch dieser Nacht des Unheils in das
Licht des Tages, in die von Gott eröffnete Zeit des Heils. Wo
immer im Neuen Testament die Zeit in solch apokalypti-
schem Verständnis angesagt wird, geht es um die Aufforderung, sich in dieser Zeit unter das Gericht Gottes zu beugen
und Buße zu tun. Nun ist die Adventszeit Bußzeit, und darum
ist es verständlich, die Zeitansage, dass die Nacht vorgerückt
und der Tag nahe herbeigekommen ist sowie den damit verbundenen Bußruf, die Werke der Finsternis abzulegen, am
1. Adventssonntag laut werden zu lassen.

Andererseits ist aber zu bedenken, dass Paulus in seinen
Briefen die Gemeinde durchweg in den schon angebrochenen
Tag hineinstellt. „Siehe, jetzt ist der Tag des Heils" (2Kor 6,2);
„Das Alte ist vergangen, Neues ist geworden" (2Kor 5,17);

„Ihr alle seid Kinder des Lichtes und des Tages. Wir sind nicht von der Nacht noch von der Finsternis" (1Thess. 5,5). In Ansehung solcher Stellen hat Luther deshalb statt: „Die Nacht ist vorgerückt, der Tag aber nahe herbeigekommen", übersetzt: „Die Nacht ist vergangen, der Tag aber herbeigekommen." Er stellt den adventlichen Text also in das weihnachtliche Licht. Jochen Klepper folgt ihm darin. Sein Lied beginnt:

> „Die Nacht ist vorgedrungen,
> der Tag ist nicht mehr fern.
> So sei nun Lob gesungen
> Dem hellen Morgenstern!
> Auch wer zur Nacht geweinet,
> der stimme froh mit ein.
> Der Morgenstern bescheinet
> Auch deine Angst und Pein."

Zwar hält Klepper sich an den Wortlaut der biblischen Vorlage: „der Tag ist nicht mehr fern", aber der helle Morgenstern – „ich bin der helle Morgenstern" sagt Jesus in der Offenbarung des Johannes (22,16) –, den er mit seinem Schein in diese Vorlage einfügt, weist schon darauf hin, dass der Tag nicht in der Nähe, sondern dass er *zum Greifen* nahe ist.

Die zweite Strophe verkündigt denn auch die Weihnachtsbotschaft:

> „Dem alle Engel dienen,
> wird nun ein Kind und Knecht.
> Gott selber ist erschienen
> zur Sühne für sein Recht.
> Wer schuldig ist auf Erden
> verhüll' nicht mehr sein Haupt.
> Er soll gerettet werden,
> wenn er dem Kinde glaubt"

Und die dritte Strophe stellt dementsprechend nicht in die Zeit der Erwartung und verweist nicht, wie es der Apokalyptiker tut, in die, wenn auch nahe, Zukunft, sondern fordert auf, es den Hirten nachzumachen:

> „Die Nacht ist schon im Schwinden,
> macht euch zum Stalle auf!
> Ihr sollt das Heil dort finden,
> das aller Zeiten Lauf
> von Anfang an verkündet,
> seit eure Schuld geschah.
> Nun hat sich euch verbündet,
> den Gott selbst ausersah!"

Hier nun ist vom Schwinden der Nacht deutlich nicht mehr im zeitlichen, sondern im existentiellen Sinn die Rede. Die Apokalyptik schaut auf den Lauf der Geschichte und auf den Zeitpunkt, an dem wir angekommen sind. Klepper überträgt mit der Bibel diese apokalyptischen Vorgaben in das menschliche Dasein. Ob die Nacht schwindet, hängt nicht vom Verlauf der Geschichte ab, sondern davon, ob ich mich im Lichte der Weihnachtsbotschaft verstehe oder nicht, also ‚als am Tage' lebe oder in der Nacht verbleibe, hängt biblisch gesprochen, vom Glauben ab. Dadurch bekommt die Zeit einen ‚dialektischen' Charakter, sie bleibt, um im Bilde zu bleiben, ständig im Zwielicht. Der „Friede auf Erden", von dem die Weihnachtsgeschichte spricht, ist ja kein über alle Menschenherzen ausgegossener neuer Zustand, sondern ist der Friede „unter den Menschen seines Wohlgefallens", also ein geschichtlich ergriffener Friede. Zwar ist darum auch die Buße nicht überholt; denn wie sollte das göttliche Wohlgefallen auf Menschen ruhen, die sich dem Gericht Gottes nicht beugen. Aber Bußzeit und Freudenzeit sind nicht mehr zwei getrennte Zeiten, sondern sind miteinander Kennzeichen der Zeit des Heils. Für Klepper war in diesem Zusammenhang wichtig, dass er seine Zeit des Leidens nicht als eine Heil-lose Zeit verstehen musste, sondern sich an die Erkenntnis Luthers halten konnte, dass „Gott das Übel nicht von der Person reißt, sondern die Person von dem Übel".

Es ist diese seine existentielle, sein Dasein bestimmende Erfahrung der weihnachtlichen Botschaft, die ihn die vierte Strophe dichten ließ, in der seine Zeit mit all ihrer Tragik ganz als eine Zeit des Tages und des Lichtes erscheint:

> „Noch manche Nacht wird fallen
> auf Menschenleid und -schuld.
> Doch wandert mit uns allen
> der Stern der Gotteshuld.
> Beglänzt von seinem Lichte,
> hält euch kein Dunkel mehr.
> Von Gottes Angesichte
> kam euch die Rettung her."

In der letzten Strophe greift Klepper ein Salomo zugeschriebenes Wort aus dem Alten Testament auf: „Die Sonne hat der Herr an den Himmel gestellt; er hat aber gesagt, er wolle im Dunkel wohnen", verbindet es mit den Paradoxien, die Paulus und Luther liebten – ‚als die Sterbenden, und siehe, wir leben'; „als die Armen, aber die doch viele reich machen" (2 Kor 6,9-10) – und überträgt diese Paradoxien auf das weihnachtliche Geschehen, seine eigene paradoxe Situation erhellend. Und er schließt passend mit einem eschatologischen Ausblick, also mit einem Blick über die Zeit und alle Zeiten hinaus in die Ewigkeit, und zwar so, dass mit der Erwähnung des göttlichen Gerichts noch einmal das Motiv der alles Heil begleitenden Buße angeschlagen wird.

> „Gott will im Dunkel wohnen
> und hat es doch erhellt!
> Als wollte er belohnen,
> so richtet er die Welt!
> Der sich den Erdkreis baute,
> der lässt den Sünder nicht.
> Wer hier dem Sohn vertraute,
> kommt dort aus dem Gericht!"

Das Licht solchen Vertrauens hat Klepper das Dunkel seines Geschicks erhellt. Unsere Zeit ist heller geworden als es jene schicksalsschweren Jahre waren. Aber die Frage bleibt, die Klepper in einem seiner anderen Weihnachtslieder stellte und mit der Weihnachtsbotschaft an uns stellt: „Wer ward ich, Herr, in dieser Nacht?"

Die Zeit nach Christi Geburt

Als die Zeit erfüllt war ...

In der Nacht, in der das Jahr 1999 endete und das Jahr 2000 begann, hat man mit viel Reden, Sekt und Feuerwerk den Beginn des schönen runden neuen Jahres so gefeiert, als bräche mit ihm das dritte Jahrtausend nach Christi Geburt an. Dabei wissen wir, dass dieses auffällige Jahr 2000 *post Christum natum* doch nur das letzte des zu Ende gehenden Milleniums war. Das erste Jahr des neuen Jahrtausends musste erst noch anfangen, und es hat dann auch mit fast schon wieder gewöhnlicher Feststimmung angefangen. Anders als 1000 Jahre zuvor, als mit dem frommen Kaiser Otto III das Abendland auf den Weltuntergang wartete, haben wir dem einen wie dem anderen Jahreswechsel mit Gelassenheit entgegengesehen, wenn auch vielleicht etwas verwundert darüber, wie schnell und gewöhnlich das ungewöhnliche Jahr 2000 im Fluge der Zeiten dahingefahren ist. Die Zeit zeigt sich von unserer Zeitrechnung unbeeindruckt und weiß nichts davon, wie unsere Uhren gehen und wie wir die Jahre zählen. Aber da unsere Zeitrechnung uns in unserer Lebenszeit einen so ungewöhnlichen Wechsel der Zeiten anzeigte, der erst in 1000 Jahren wiederkehren wird – wird er wiederkehren? und welche Menschheit wird er in welcher Welt vorfinden? –, da wir also insoweit besonders ausgezeichnete Zeitgenossen sind, ist es nicht unangemessen, unsere Gedanken in dieser Zeit der *Zeit* selbst zuwenden, der Zeit überhaupt, und dann den Jahren, mit denen wir die Zeit *nach Christi Geburt* zählen – nur im Hinblick auf das weihnachtliche *post Christum natum* beginnt ja ein neues Jahrtausend –, und schließlich der Frage nach Sinn und Bedeutung dieser christlichen Zeitrechnung.

Die Zeit

Im alltäglichen Leben verbirgt uns die *Zeit* gerade wegen ihrer Nähe zu unserem Dasein, in dem nichts außerhalb der Zeit begegnet, meist ihre Rätselhaftigkeit. Wird man auf diese Rätselhaftigkeit aufmerksam, so geht es uns wie dem in diesem Zusammenhang gern zitierten Kirchenvater Augustin, der sich die Frage stellte: „Was ist Zeit?", und der auf diese Frage antwortete: „Wenn mich niemand darnach fragt, weiß ich es; wenn ich es aber einem, der mich darnach fragt, erklären soll, weiß ich es nicht" (Confessiones 11,14). *Zeit* ist für Augustin also „so klar und gewöhnlich wie etwas, und doch auch wiederum so völlig dunkel und die Lösung des Rätsels noch unbekannt" (Confessiones 11,22). Daran hat sich bis heute nichts geändert.

Schon die griechischen Denker hatten kontroverse Ansichten über die Zeit; für die einen war sie als Teil des Seienden eine beständige Realität, für die anderen nur ein Akzidens, eine Eigenschaft *an* den Dingen, *am* Seienden. Das einflussreichste philosophische Werk des 20. Jahrhunderts ist Heideggers Buch „Sein und Zeit" (1927), das in seiner Weise die Frage nach der Zeitlichkeit des Seins und unseres Da-Seins stellte; der zweite Band dieses Buches, der die Antwort auf diese Frage geben sollte, ist bezeichnenderweise nie erschienen. Augustin sagte, Gott habe die Zeit mit der Welt, nicht die Welt in der Zeit geschaffen, und solche Vor-Zeitigkeit Gottes nennen wir Ewigkeit. Er kann allerdings auch urteilen, dass die Zeit überhaupt nicht zu den Erscheinungen der Welt gehöre. *Zeit,* so meinte er, gebe es nicht ‚an sich', nur dass sich in der menschlichen Seele Erinnerung an das Vergangene und Erwartung des Kommenden finden und die *Zeiten* erscheinen ließen. Und wem wäre nicht der verwandte Gedanke von Immanuel Kant vertraut, der die *Zeit* wie den *Raum* gleichfalls nicht den Erscheinungen selbst zuschreibt, sondern für eine apriorische, eine ‚reine' Form der Anschauung hält, die nicht den Dingen selbst, sondern dem menschlichen Bewusstsein eigne und die Wahrnehmungen allererst ermöglicht. Aber wie kommt es, dass die Zeit unumkehrbar ist, der Raum uns aber zu aller Zeit die Rückkehr ermöglicht? Heute sagt uns die Relativitätstheorie, dass sich in einer vierte Dimension die drei räumlichen Dimensionen mit der Zeit zur Raum-Zeit vereinigen, eine Ansicht, die freilich jenseits alles dessen liegt und liegen soll, was sich *vorstellen* lässt.

Damit möchte diese Ansicht freilich dem, was wir überhaupt von der Zeit verstehen können, am nächsten kommen. Wir haben zwar zuzeiten viel und zuzeiten wenig Zeit, aber *die Zeit* haben wir nicht, sondern die Zeit hat uns. Wie sollten wir uns dann die Zeit *vorstellen,* sie vor uns hinstellen können, so als könnten wir uns selbst aus der Zeit herausstellen, um sie zu betrachten, zu deuten und zu erklären! Darin gleicht die Zeit Gott selbst, von dem Paulus der Apostelgeschichte zufolge vor und mit den gebildeten Athenern sagt: „In ihm leben, weben und sind wir" (Ag 17,28). Ist Gott die alles bestimmende Wirklichkeit, so verliert man ihn, wenn man ihn zum Gegenstand seiner Betrachtung macht. Hier gilt der Vers von Conrad Ferdinand Meyer:

> „Was Gott ist, wird in Ewigkeit
> kein Mensch ergründen,
> doch will er treu sich allezeit
> mit uns verbünden."

So ist auch die Zeit uns allezeit treu; wir fallen nie aus ihr heraus; wir wurden in der Zeit gezeugt und wir verwesen in der Zeit. Aber zugleich werden wir nie ergründen, was die Zeit *ist.* Alles geschieht in der Zeit, und doch ist sie als Vergangenheit nicht mehr, und als Zukunft soll sie erst noch kommen, und als Gegenwart ist sie nur der Übergang von dem ‚Nicht mehr' der Vergangenheit zum ‚Noch nicht' der Zukunft. Daran erinnert uns Andreas Gryphius mit seinem Vers:

> „Auf, Herz, wach und bedenke,
> dass dieser Zeit Geschenke
> den Augenblick nur dein.
> Was du zuvor genossen,
> ist als ein Strom verschossen;
> was künftig, wessen wird es sein?"

Unser Fragen nach der Zeit, die immer ist und nie ist, lässt uns in einem die Größe und die Begrenztheit des menschlichen Geistes entdecken. Die Begrenztheit, weil wir die Zeit nicht erklären und uns inmitten der Zeit einen Anfang und ein Ende der Zeit so wenig vorstellen können wie eine Unendlichkeit der Zeit; die Größe, weil nur der Mensch die Erfahrung von Zeit und zugleich die Erfahrung der Unergründbarkeit von Zeit und des Jenseits der Zeit, der Ewigkeit, machen kann.

Die Zeitrechnung ‚nach Christi Geburt'

Die Zeit richtet sich nicht nach uns, aber wir richten uns in der Zeit ein, indem die Umläufe von Sonne, Mond und Erde die Tage, Monate und Jahre vorgeben. Trotz dieser einfachen Vorgaben ist die Ordnung der Zeit in den verschiedenen Kulturen oder Herrschaftsgebilden so vielschichtig, dass im vorigen Jahrhundert ein gelehrtes Werk 44 Bände brauchte, um die historische Chronologie einigermaßen umfassend darzustellen und zu synchronisieren. Wir nehmen im folgenden nur das *Jahr* in den Blick und bedenken, dass es sich bei der weihnachtlichen Zählung der Jahre *ante* und *post Christus natum,* obschon sie sich weltweit und im wesentlichen auch interkulturell durchgesetzt hat – ein frühes Zeichen von Globalisierung –, nur um eine von zahlreichen Zeitberechnungen handelt. Viele davon orientierten sich an den Mondphasen, also an relativ gut überschaubaren und erlebbaren Zeitspannen, so noch heute das islamische Jahr, und auch unser Osterzyklus geht auf das Mondjahr zurück. Kultische Rücksichten auf die Heiligung des Sabbats bestimmten das alttestamentliche Judentum, das Jahr in 52 Wochen einzuteilen, ohne überhaupt den Lauf von Sonne und Mond zu berücksichtigen.

Meistens orientierte man sich allerdings an dem für den Lebensrhythmus, für Saat und Ernte, für Licht und Dunkelheit entscheidenden Sonnenjahr, und man zählte die Jahre in der Regel nach der Regierungszeit der Könige oder hoher

Regenten. So heißt es in der Weihnachtsgeschichte, dass das Gebot von dem Kaiser Augustus zu der Zeit ausging, „als *Quirinius* Statthalter in Syrien war" (Lk 2,2). Und wenig später begegnet im Lukasevangelium ein bezeichnender *Synchronismus:* „Im 15. Jahr der Herrschaft des Kaisers Tiberius, als Pontius Pilatus Statthalter in Judäa war und Herodes Landesherr von Galiläa und sein Bruder Philippus Landesherr von Ituräa und der Trachonitis und Lysanias Landesherr von Abilene, als Hannas und Kaiphas Hohepriester waren – da geschah das Wort Gottes zu Johannes ... in der Wüste." (Lk 3,1–2). Die Jahre wurden also auf die nahe Zeit und auf das eigene Land bezogen. Nur beiläufig konnte man die Jahre auch in einem größeren Rahmen miteinander verbinden; dann zählten die Römer *ab urbe condita* (753 oder 752 v.Chr.), die Griechen nach den Olympiaden (776 v.Chr. beginnend), die Seleukiden von ihrer Staatsgründung (312 v.Chr.) und die Byzantiner von der auf das Jahr 5508 v.Chr. berechneten Weltschöpfung an. Erst seit dem Mittelalter folgten auch die Juden, die bis dahin die seleukidischen Zählung gebrauchten, einer Weltära, wobei sie die Weltschöpfung auf das Jahr 3760 v.Chr. festlegten. Aber die fortlaufende Zählung stand nicht im Vordergrund; man verlieh ihr keine tiefere Bedeutung. Wesentlich blieb die Datierung nach dem nahen Herrschaftsantritt. Man kannte keine ‚weltgeschichtlichen Betrachtungen' (Jacob Burckhardt), und jeder Geschichtsphilosophie stand man fern; der Blick in die Geschichte diente, da nichts Neues unter der Sonne geschieht – die Antike stellte sich den Zeitlauf gern als Kreislauf vor, in dem sich von Umlauf zu Umlauf alles wiederholt – zur moralischen Belehrung der gegenwärtigen Generation und ihrer führenden Kräfte.

Es war Augustin, der dem Abendland den Weg zu einem anderen Zeitdenken öffnete. Er, der die Frage nach der *Zeit an sich* nicht beantworten konnte, lehrte die *Zeit für uns* neu verstehen. Als die Westgoten unter Alarich im Jahre 410 Rom eroberten und plünderten, wurde der Erdkreis in seinen Grundfesten erschüttert und die Menschen in panischen Schrecken versetzt. Die heidnischen Bürger des römischen

Reiches sahen darin die Strafe für den Abfall von den alten Göttern. Die Christen bestürmten Augustin, den führenden Theologen der lateinischen Christenheit, das unfassbare Geschehen zu deuten. Er tat dies in den 24 Büchern seines Hauptwerkes *de civitate Dei* (Der Gottesstaat), das in Verlauf von 18 Jahren Lieferung um Lieferung erschien. Augustin lenkte den Blick von dem einzelnen erschreckenden Ereignis im 15. Jahr des Kaisers Honorius ab und weitete ihn auf die Weltgeschichte als ganze aus, indem er der hochmütigen Größe Roms die Demut Christi gegenüberstellte. Die Menschheitsgeschichte sei nämlich seit Adams Fall vom Widerstreit zwischen Hochmut und Demut, Selbstliebe und Gottesliebe, Babylon und Jerusalem, *civitas terrena* und *civitas coelestis* durchzogen. Die Zeit drehe sich nicht, sich ständig wiederholend, im Kreise, sondern strebe einem Ziel zu, und in Christus, der alle Völker zur Umkehr ruft, trete dies Ziel siegreich vor aller Augen.

Damit war die Möglichkeit eröffnet, eine Weltära zu berechnen, die mit Jesus Christus beginnt. Der Urheber dieser Zeitrechnung ist der gelehrte Mönch *Dionysius Exiguus,* der, aus dem Osten stammend, etwa 100 Jahre nach Augustin in Rom lebte und griechische Theologie dem Westen vermittelte. Im Jahre 525 gab er eine Ostertafel heraus – die bis dahin in seiner Heimat gebräuchliche des Cyrill von Alexandrien lief mit dem Jahr 531 aus –, und dazu benötigte er eine fortlaufende Jahreszählung. Man rechnete in jener Zeit in der Regel nach der *Diokletianischen Ära,* die auf seine eigene arrogante Anordnung hin mit dem Regierungsantritt Kaiser Diokletians im Jahre 284 begann. Nun war Diokletian der brutalste Christenverfolger gewesen, so dass sich die Christen mit dieser Zählung auf die Dauer nur befreunden konnten, indem sie die *anni Diocletiani* als *aera martyrum* deuteten. Indessen war es konsequent, wenn Dionysius überhaupt und sehr bewusst von dieser Ära Abschied nahm und die christliche Ära begründete. Wenn er sie mit der Geburt, nicht aber mit dem Auftreten oder der Passion Jesu beginnen ließ, möchte das damit zusammenhängen, dass man in Rom, wo er wirkte, seit dem 4. Jahrhundert am 25.12. das Weihnachtsfest feierte. Er berechnete als Datum der Geburt Jesu das Jahr 754 *ab urbe condita,* was bekanntlich zu der später bemerkten Unstimmigkeit führt, dass Herodes, zu dessen Lebzeiten die Weisen aus dem Morgenlande nach Bethlehem gezogen sein sollen, im Jahre 4 v.Chr. gestorben ist. Aber da wir über Tag und Jahr der Geburt Jesu ohnedies keinerlei historische Nachrichten haben, könnten auch wir keine bessere Datierung vornehmen. Und warum man in Rom den 25.12. als Geburtstag wählte, ist in der Forschung bis heute umstritten.

Der *Jahresanfang* in der christlichen Ära des Dionysius wurde indessen von Anfang an nicht einheitlich festgelegt. Es lag zwar nahe, das Jahr *post Christum natum* mit dem 25.12. beginnen zu lassen, und dieser Jahresanfang war denn auch seit der Zeit der Karolinger im Abendland weit verbreitet. Die Kaiserliche Kanzlei verwendet dieses Datum stets, und auch Luthers bekanntestes Weihnachtslied endet mit dem Vers:

> „Lob, Ehr sei Gott im höchsten Thron,
> der uns schenkt seinen ein'gen Sohn.
> Des freuet sich der Engel Schar
> und singet uns solch neues Jahr."

Oft ging man aber auch neun Monate zurück und bestimmte den 25. März, den Tag von Mariae Verkündigung bzw. Empfängnis, als den Tag der Inkarnation, der Menschwerdung des Gottessohnes, und infolgedessen als Jahresanfang; z.B. begann in England das Jahr bis 1752 am 25. März. Beide Daten konkurrierten freilich mit anderen Anfängen. Noch heute zeugen unsere Monatsnamen von September bis Dezember von dem altrömischen Jahresanfang am 1.März. Cäsar legte im Rahmen seiner Kalenderreform den Beginn des Jahres auf den 1. Januar, und dieses Datum behielt seine Bedeutung im bürgerlichen Leben des Mittelalters bei – man sprach vom *annus civilis* oder vom *annus vulgaris* – um mit Beginn der Neuzeit auf dem Weg über die gedruckten Kalender den Weihnachtstag wie auch andere Datierungen weitgehend zu verdrängen, so dass seitdem das christliche Jahr allgemein einen vorchristlichen Jahresanfang hat.

Dionysius selbst scheint keine tiefergehenden theologischen Reflexionen angestellt zu haben, als er unsere Zeitrechnung mit der Geburt Jesu Christi beginnen ließ. Er nahm zwar Anstoß an der Ära des Christenverfolgers Diokletian, aber im übrigen ging es ihm es weniger um die Inkarnation und mehr um die Chronologie, weshalb er selbst auch den gewohnten 1. Januar als Jahresanfang festhalten konnte. Nannte er aber die fortlaufenden Jahre in der ersten Spalte seiner Ostertafel *anni domini nostri Jesu Christi* (‚die Jahre unseres Herrn Jesus Christus‘), traten die Namen der Kaiser, Konsuln, Päpste, Bischöfe usw., die im ganzen Mittelalter weiterhin zur Datierung der Urkunden verwandt wurden, in den Schatten der Jahre *post Christum natum* (nach Christi Geburt). Und wenn man später diese Jahre ‚nach der Menschwerdung‘ als die ‚Jahre des Heils‘ oder die ‚Jahre der Gnade‘ oder ähnlich definierte, gab man damit der Überzeugung Ausdruck, dass es bei dieser Zeitrechnung des Dionysius um mehr geht als um bloße Chronologie.

Die Zeit ‚nach Christi Geburt‘

Dass heute die Zeit nach Christi Geburt oft die *nach*christliche Zeit genannt wird, ist eine Gedankenlosigkeit. Dass in der französischen Revolution 1790 die christliche Ära abgeschafft, auch die Woche durch Dekaden ersetzt und ein ganz neuer Kalender etabliert wurde, war eine kalendarische Verirrung, die Napoleon 1804 wieder annullierte. Dass in der ehemaligen DDR das ‚nach Christus‘ durch ein ‚nach der Zeitwende‘ ersetzt wurde, war zwar auch eine bewusste Entchristlichung, enthält aber eine unfreiwillige Ironie. Das ‚nach Christus‘ ist ja zunächst nur ein chronologisches Datum; das ‚nach der Zeitwende‘ bringt dagegen ungewollt zum Ausdruck, was dieses Datum theologisch bedeutet. Denn eine ‚Wende der Zeit‘ bedeutet die Erscheinung Jesu Christi nur im Urteil des Glaubens, während es für das säkularisierte Denken keine Zeitwende, sondern nur die ziellose Abfolge der Jahre geben kann.

Zum Verständnis der weihnachtlichen ‚Zeitwende' bedenken wir einen urchristlichen Glaubens- oder Bekenntnissatz, den der Apostel Paulus der Tradition entnimmt und in seinem Brief an die Galater verwendet:

„Als die Fülle der Zeit gekommen war, sandte Gott seinen Sohn, geboren von einer Frau, damit wir die Kindschaft empfingen." (Gal 4,4)

Die frohe Botschaft dieses Satzes wird von den Weihnachtsliedern in vielfältigen Variationen poetisch und theologisch aufgenommen. Sehr tiefsinnig schon von Martin Luther:

> „Den aller Weltkreis nie beschloss,
> der liegt in Marien Schoß;
> er ist ein Kindlein worden klein,
> der alle Ding erhält allein." (1524)

Dem folgen viele andere Dichter:

> „Er wird ein Knecht und ich ein Herr,
> das mag ein Wechsel sein." (Nikolaus Herman, 1560)

> „... dass dieses schwache Knäbelein
> soll unser Trost und Freude sein." (Johann Rist, 1641)

> „Gott wird Mensch,
> dir, Mensch, zugute;
> Gottes Kind,
> das verbindt,
> sich mit unserm Blute." (Paul Gerhardt, 1653)

> „Du bist arm und machst zugleich
> uns an Leib und Seele reich." (Johann Olearius, 1665)

Und noch in unserem Jahrhundert dichtet Jochen Klepper (1937):

> „Dem alle Engel dienen,
> wird nun ein Kind und Knecht."

Diese ebenso einfache wie umfassende Botschaft sagt den Menschen mit der Engelbotschaft auf dem Hirtenfeld: *Fürchtet euch nicht* – in Fleisch und Blut, in Armut und Schwachheit, in Schuld und Tod, in Schrecken und Sinnlosigkeit. Dort, wo ihr wirklich seid, ist Gott mit euch. Eure Hoheit ist in eurer Niedrigkeit, reich seid ihr nur in eurer Armut, und nur wo ihr nichts habt, habt ihr alles. Diese weihnachtliche Botschaft ruft den Menschen zur Ehrlichkeit, wenn er auf sich blickt, und zugleich zu dem Glauben, von sich wegblicken zu dürfen, also zur Ehrlichkeit aus Glauben und zu einem Glauben in Ehrlichkeit.

Und diese Botschaft wurde nicht erst mit der Einführung der christlichen Ära, sondern schon im Urchristentum als Zeitwende erfahren; denn es heißt ja:

„Als die Fülle der Zeit gekommen war, sandte Gott seinen Sohn, geboren von einer Frau, damit wir die Kindschaft empfingen."

Dies „Als die Fülle der Zeit gekommen war" meint nämlich nicht: „Als die Zeit gekommen war" oder „Als es an der Zeit war" bzw. „Als es so weit war". Die Rede von der ‚Fülle der Zeit': reflektiert vielmehr ein eigenartiges, nämlich das apokalyptische Zeitverständnis, wie es vor allem in bestimmten jüdischen Kreisen um Jesu Geburt verbreitet war. In der Apokalyptik stehen sich zwei Äonen gegenüber. Der alte Äon ist der Äon der Gottesferne und Verderbnis, des Elends und der Schuld, eben der Äon der Zeit. Ist die Zeit *erfüllt,* also *voll geworden*, findet der alte Äon sein Ende, und es beginnt, *jenseits der Zeit,* der neue Äon der Gottesherrschaft und des Heils; urchristlich gesprochen, der Äon der Gotteskindschaft: „damit wir die Kindschaft empfingen".

Mit der Überzeugung, dass die *Zeit* des alten Äons abgelaufen ist („als die Zeit erfüllt war"), wurzelt das Urchristentum in der Apokalyptik. Zugleich aber deutet sie das Ende der Zeit, den Anbruch des neuen Äons der Gotteskindschaft, durchaus unapokalyptisch als *Zeitwende,* als Wende, als Wandlung der Zeit selbst, als Beginn einer neuen, einer anderen *Zeit.*

Die Zeit der Apokalyptik war eine lineare, eine fortlaufende, eine nach ihrer Länge oder Dauer messbare Zeit, so wie unsere Jahre, Jahrhunderte und Jahrtausende messbar sind. Sie konnte ‚voll‘ werden; man konnte ihr Ende herbeisehnen. Die Griechen nannten diese Zeit *Chronos,* und es ist die Chronologie, innerhalb deren Maßstäbe das 2. Jahrtausend christlicher Ära zu Ende ging. Daneben gibt es aber auch die Zeit als *Kairos.* Der *Kairos* wird nicht von der Quantität der Zeit bestimmt, von ihrer Länge oder Kürze, sondern von ihrer Qualität. Der *Kairos* ist nicht messbar, aber man kann ihn verfehlen. Er ist flüchtig, aber er ist unmittelbar zur Ewigkeit. Der *Kairos* ist weder Zeitraum noch Zeitpunkt, und er ist auch nicht jenes ‚Nichts‘ zwischen Vergangenheit und Zukunft, das Augustin beobachtete, als er der Zeit nachsann; der Kairos ist ‚Zeit für …‘, und insofern ist er nie Vergangenheit oder Zukunft, sondern stets Gegenwart. In einer ‚klassischen‘ Weise wird er von Kohelet, dem ‚Prediger Salomo‘, vorgestellt:

„Ein jegliches hat seine Zeit, und alles Vornehmen unter dem Himmel hat seine Stunde. Geboren werden und sterben; pflanzen und ausrotten, was gepflanzt ist; würgen und heilen; brechen und bauen; weinen und lachen; klagen und tanzen; Steine zerstreuen und Steine sammeln; herzen und ferne sein von herzen; suchen und verlieren; behalten und wegwerfen; zerreißen und zunähen; schweigen und reden; lieben und hassen; Streit und Friede hat seine Zeit." (Pred 3)

Die ‚Zeitwende‘ angesichts der ‚Fülle der Zeit‘ kann man als Wende vom Chronos zu einem spezifischen Kairos verstehen, eben zum Kairos *post Christum natum,* zur christlichen Zeit. Die Geburt Jesu Christi wird dann nicht als ein chronologische Ereignis angesehen, eingebunden in die Kette der Zeit und in der Erinnerung begegnend, die sich dem Vergangenen zuwendet, sondern sie führt die ‚Zeitwende‘ herbei. Sie bleibt darum stets gegenwärtig und qualifiziert jeden einzelnen *Kairos* als ein unwiderrufliches ‚Heute‘ der Gotteskindschaft. Im Rahmen eines in solcher Weise qualifizierten Verständnisses der jeweiligen Gegenwart sagt der Apostel Paulus: „Siehe, jetzt ist die willkommene *Zeit;* siehe, jetzt ist der Tag des Heils" (2Kor 6,2); und: „Kaufet die *Zeit* aus" (Kol 4,5). Und der Verfasser des Hebräerbriefes schreibt: „Ermahnt euch selbst alle Tage, solange es ‚Heute' heißt" (Hebr 3,13). In diesem Sinne gilt dann auch: „Des freuet sich der Engel Schar und singet uns solch neues Jahr", nämlich mit ihrem jeden Kairos bestimmenden ‚Fürchtet euch nicht' der Weihnachtsbotschaft.

Nun hat der Apostel Paulus jenen urchristlichen Glaubenssatz nicht unverändert zitiert, sondern er hat ihn im Hinblick auf die Galater, an die er seinen Brief richtet, charakteristisch ergänzt. Er lautet nämlich bei ihm:

„Als die Fülle der Zeit gekommen war, sandte Gott seinen Sohn, geboren von einer Frau, und unter das Gesetz getan, um die unter dem Gesetz Stehenden zu befreien, damit wir die Kindschaft empfingen."

Es würde an dieser Stelle zu weit gehen, die Situation im Hintergrund des Galaterbriefes darstellen, die Paulus Anlass gibt, das Problem des Gesetzes aufzuwerfen, und auch sein komplexes Verständnis von Gesetz muss unerörtert bleiben – vordergründig denkt er an das jüdische Gesetz, das irgendwelche Lehrer den Christen in Galatien auferlegen wollen. Aber auf die Hintergründigkeit dieser Problematik muss hingewiesen werden. Wie grundlegend wichtig dem Apostel das Problem ist, zeigt sein beschwörender Appell an die Galater: „Zur Freiheit hat uns Christus befreit! So ... lasst euch nicht wieder das knechtende Joch (des Gesetzes) auflegen!" (Gal 5,1). Und an einer anderen Stelle spricht er von „der herrlichen Freiheit der Kinder Gottes", zu der die ganze Schöpfung befreit werden soll (Röm 8,21).

Das Gesetz führt also zurück in die Zeit vor der Zeitwende, in die verderbliche Zeit des alten Äons. Denn es legt dem Menschen auf, statt zu leben, sich das Leben zu besorgen. Es setzt an die Stelle von Geschenk und Gabe das menschliche Werk. Es zielt auf die menschliche Leistung und lässt darum Leben bestenfalls erhoffen, während doch die Freiheit der Kinder Gottes gerade die Freiheit von solcher Nötigung ist, den Worten von Matthias Claudius entsprechend: „Lass uns einfältig werden und vor die hier auf Erde wie Kinder fromm und fröhlich sein", nämlich angesichts des geschenkten Lebens. An die Stelle der weihnachtlichen Erniedrigung Gottes erwartet das Gesetz die hybride Vergottung des Menschen. Darum warnt Paulus vor dem Rückfall in das Gesetz und nennt es „tötendes Gesetz". In unserem Jahrhundert wurde ein solches Gesetz unserem Volk auferlegt, als es das 1000jährige Reich schaffen sollte, und ein anderes Gesetz befahl allen gutwilligen Menschen, die Menschheit in das Glück der klassenlosen und herrschaftsfreien Gesellschaft zu führen. Wie todbringend diese Gesetze waren, liegt vor aller Augen; sie führten zurück in die Zeit *ante Christum natum*.

Was die Zeit ist, wird nie ein Mensch ergründen. Aber wir fallen dennoch nie aus der Zeit heraus, die uns unermüdlich unsere Zeiten gewährt. „Unsere Zeiten stehen in deinen Händen", heißt es im 31. Psalm. Und verstehen wir unsere Zeiten *nach Christi Geburt* so, wie es dies *post Christum natum* anzeigt, so haben wir allezeit Zeit zu leben, statt uns vor des Lebens Dunkelheiten zu fürchten und vor lauter Suche nach dem Leben das Leben selbst zu verlieren. *Nach Christi Geburt* darf, wer will und kann, zu jeder Zeit mit Jochen Kleppers in dunkler Zeit gedichteten Neujahrslied sprechen:

> „Der du allein der Ewige heißt
> und Anfang, Ziel und Mitte weißt
> im Fluge unserer Zeiten:
> Bleib du uns gnädig zugewandt
> und führe uns an deiner Hand,
> damit wir sicher schreiten!"

Zwischen den Jahren

Meine Zeiten stehen in deinen Händen

Der Sonntag nach Weihnachten liegt, wie wir zu sagen pflegen, ‚zwischen den Jahren'. Er liegt zwischen dem Anfang des Kirchenjahres, das mit der Adventszeit beginnt, bzw. zwischen dem Jahresanfang, der häufig auf das Fest der Geburt Jesu Christi gelegt wurde, einerseits und dem Beginn des bürgerlichen Jahres, das wir, wenn der Sylvestertag zu Ende ging, in der Neujahrsnacht begrüßen, andererseits. Auch dieser Tag ‚zwischen den Jahren' hat seine eigene Zeit, sein Heute, wie den überhaupt jeder neue Tag, den wir leben und erleben, ‚zwischen den Zeiten' liegt, ein Heute zwischen gestern und morgen, ein Jetzt zwischen einst und dann, Gegenwart zwischen Vergangenheit und Zukunft, zwischen Nicht-mehr und Noch-nicht, ein Tag weiter zwischen Geburt und Tod, zwischen Weihnachten und Karfreitag.

Was ist unser Leben anders als unsere Zeit? Darum ist es angemessen, ‚zwischen den Jahren' zu fragen, wie wir mit unserer Zeit umgehen, mit dem Einst, mit dem Dann und mit dem Jetzt.

Ein weiser Spruch lautet:

> „Dreifach ist der Schritt der Zeit:
> Zögernd kommt die Zukunft hergezogen,
> pfeilschnell ist das Jetzt entflogen,
> ewig still ist die Vergangenheit."

So zeigt sich uns in der Tat die Zeit, die dennoch ein Rätsel bleibt. Denn wir können uns weder einen Anfang noch ein Ende der Zeit vorstellen noch eine Zeit, die ohne Anfang und Ende ist. Wie sollten wir auch, da die Zeit doch unsere eigene Zeit ist, in der wir leben und aus der wir gar nicht aussteigen können, um sie als Beobachter von außen zu betrachten und zu erkennen. In den Zeiten aber, die wir kennen, in Vergangenheit, Gegenwart und Zukunft, leben wir wie selbstverständlich. Sollen wir, statt die Zeit zu enträtseln, mit ihr umgehen, wie ein Schlager empfiehlt:

„Mach es wie die Sonnenuhr,
zähl die heitern Stunden nur?"

Das mag besser sein, als der Unbegreiflichkeit der Zeit nachzusinnen. Aber mit solch einfachem Ratschlag würden wir unserer Zeit doch nur oberflächlich begegnen. Halten wir es deshalb ‚zwischen den Jahren' lieber mit dem Beter des 31. Psalms:

„Du bist mein Gott. Meine Zeiten stehen in deinen Händen"
(Ps 31,15–16),
die heiteren Zeiten und die dunklen, Vergangenheit, Gegenwart und Zukunft.

Die Vergangenheit

In Gottes Händen steht unsere Vergangenheit, das zu Ende gehende Jahr ebenso wie alle Jahre vorher. Heißt das: vergeben und vergessen? Vergeben gewiss, vergessen aber nicht. Wie könnten wir vergessen, wie wir bis in diese Stunde gekommen sind? Die Zeit lässt vieles verblassen, und sie heilt auch viele Wunden. Aber die Narben bleiben und wir spüren sie. Was wir vergessen *wähnen,* haben wir oft nur verdrängt, und es vergiftet dann nicht selten unser Leben von seinem unbewussten Grund auf. Und was wir vergessen *wollen,* das können wir offenkundig nicht vergessen.

Und warum sollten wir nicht an schöne Zeiten denken und uns an all das Gute erinnern, das uns widerfahren ist, lieber Menschen gedenken, die unser Leben reich gemacht haben, und uns des Guten freuen, das wir getan haben. Zu vergessen wäre undankbar, undankbar gegenüber vielen Menschen und undankbar gegenüber Gott,

„dem Gott, der Lasten auf uns legt
und uns mit unsern Lasten trägt".

Wir werden reicher, wenn wir die Mahnung beherzigen:
„Vergiss nicht, was er dir Gutes getan hat" (Ps 103,2). Nein,
vergessen sollen und brauchen wir nicht, und auch das zu
Ende gehende Jahr, was immer es gebracht hat, braucht nicht
vom Strudel der Vergessenheit verschlungen zu werden.

Aber der Vergebung dürfen wir uns getrösten, jedenfalls
dann, wenn wir recht bedenken, was Vergebung im Licht der
biblischen Botschaft meint. Vergebung ist ja mehr als der
Erlass von Schuld, bei dem Gott oder der Mensch Gnade vor
Recht ergehen lässt. Gewiss: Wo wir Grund haben zu sprechen: ‚Gott, sei mir Sünder gnädig‘, da dürfen wir auch am
Ende eines Jahres hören: ‚Deine Sünden sind dir vergeben‘.
Aber Vergebung ist, recht verstanden, viel umfassender
gemeint, und verstehen wir sie in ihrem umfassenden Sinn,
dann lässt sie es gar nicht zu, dass wir die Vergangenheit ein-
teilen in Schuld und Gerechtigkeit, in Verfehltes und Erreich-
tes, in Versagen und Erfolg, in Last und in Lust; dass wir
möglicherweise beides gegeneinander abwägen und dann
vielleicht auch, je nachdem, welche Waagschale sich neigt,
stolz und selbstzufrieden sind oder gedemütigt und
beschämt. Wenn unsere Vergangenheit in Gottes Händen
liegt, dann heißt das, dass wir *alles* in seine Hände legen sollen: Erfolge und Enttäuschungen, Schuld und Gerechtigkeit,
Verstandenes und Unverstandenes, Gegebenes und Genom-
menes. Denn Vergebung heißt, recht verstanden, dass wir
nicht dies oder jenes, sondern uns selbst in Gottes Hände
legen dürfen; dass uns nicht dies und jenes weggenommen
wird, sondern dass wir uns selbst insoweit aus unseren eigenen Händen genommen werden, als wir weder von der guten
Vergangenheit zu leben noch an der bösen Vergangenheit zu
sterben brauchen, sondern ungeteilt in Gottes Treue gebor-
gen sind. Liegt unsere vergangene Zeit in Gottes Händen,
sind wir von allen Lasten dieser Vergangenheit frei. Eben
darum brauchen wir nichts zu vergessen oder zu verdrängen.
Vergebene Zeit braucht man nicht zu fliehen. Sie darf uns

täglich begegnen, weil sie uns nicht mehr belastet. Sie ist *unsere* Vergangenheit, und doch sind wir von ihr frei. Dann ist die Zukunft Gottes die Wahrheit unserer vergangenen Zeit, weshalb Jochen Klepper bitten lehrt:

> „Und diese Gaben, Herr, allein
> lass Wert und Maß der Tage sein,
> die wir in Schuld verbringen.
> Nach ihnen sei die Zeit gezählt;
> was wir versäumt, was wir verfehlt,
> darf nicht mehr vor dich dringen."

Die Zukunft

„Meine Zeiten stehen in deinen Händen." Wie die vergangene Zeit, so steht auch die kommende Zeit in Gottes Händen.

Es ist merkwürdig, wie viele Menschen daran interessiert sind, die Zukunft zu entschleiern. Kaum eine Zeitschrift verzichtet darauf, den Lesern ein Horoskop anzubieten. Zumal ‚zwischen den Jahren' haben die Wahrsager Hochkonjunktur. Führt bloße Neugier die Menschen dazu, sich dem Horoskop zuzuwenden? Hoffen sie darauf, die Last der Vergangenheit in der Zukunft loszuwerden? Oder treibt sie das Unbehagen an die Gegenwart in kommende Zeiten, in denen alles besser werden soll? Wollen sie etwa wissen, wie viel Zeit ihnen überhaupt noch bleibt? Ist es aber nicht töricht anzunehmen, dass alle unsere zukünftigen Wege und Entscheidungen schon festgelegt sind und wir gar keine Wahl mehr haben? Und selbst wenn es so wäre: Wer seine Zukunft in Gottes Hände legt, braucht sie nicht zu entschleiern. Er hält es mit Dietrich Bonhoeffer:

> „Von guten Mächten wunderbar geborgen,
> erwarten wir getrost, was kommen mag.
> Gott ist mit uns, am Abend und am Morgen
> und ganz gewiss an jedem neuen Tag."

Dies Warten mag sich bei jedem von uns ganz unterschiedlich gestalten. Der eine tritt dabei der Zukunft mit Tatendrang entgegen, begegnet trutzig allen Widerwärtigkeiten, geht aus Niederlagen gestärkt hervor und scheut nie einen neuen Anfang. Der andere wartet eher gelassen ab, was im Schoß der Zukunft liegt. In der Schule wurde uns einmal als Aufsatzthema die Aufgabe gestellt, zwei Gedichte und damit zwei Lebenseinstellungen zu vergleichen.

Von Goethe stammte der Vers:

> „Allen Gewalten
> zum Trotz sich erhalten,
> nimmer sich beugen,
> kräftig sich zeigen
> rufet die Arme der Götter herbei."

Und Eduard Mörike hat gedichtet:

> „Herr, schicke, was du willt,
> ein Liebes oder Leides,
> ich bin vergnügt, dass beides
> aus deinen Händen quillt.
> Wollest mit Freuden
> und wollest mit Leiden
> mich nicht überschütten.
> Doch in der Mitten
> liegt holdes Bescheiden."

Das sind sehr unterschiedliche Temperamente. Beide sind dem Glauben angemessen, und auch das, was zwischen diesen Extremen liegt. Entscheidend ist, dass wir uns dessen bewusst bleiben: Wir verfügen über die Zukunft nicht, und an Gottes Segen ist alles gelegen.

Denn das ist die andere Torheit, mit der viele Menschen der Zukunft begegnen: Sie wollen nicht entschleiern, was in der Zukunft über sie verfügt ist, sondern sie bemächtigen sich der Zukunft, nehmen sie in ihre Hand und machen sie ihren Plänen untertan. Sie fliehen aus der unvollkommenen Gegenwart in eine Zukunft, in der alles ganz anders sein wird, weil die Menschen alles ganz anders machen. Denn der Mensch ist seines Glückes Schmied. Bis in unsere Tage haben sich Millionen Menschen in Bewegungen eingereiht, deren Fahne in eine goldene Zukunft voran flatterte. ‚Mit uns zieht die neue Zeit.‘ Dabei sagt uns doch die Erfahrung, dass jede kommende Zeit zunächst wieder zu einer Gegenwart wird mit all ihren Höhen und Tiefen, ihrer Lust und ihren Lasten, und dass jede Gegenwart sich schon bald der Vergangenheit zugesellt und sich fugenlos anschließt an die Summe von Glück und Unglück, Erfolg und Versagen, Gerechtigkeit und Schuld der Menschheitsgeschichte. Jede neue Zeit wird bald wieder zu einer alten, und jedes kommende Jahr zu einem vergangenen, so dass wir von Jahr zu Jahr das Gleiche sprechen müssen: ‚Gott sei Dank‘, und ‚Gott sei mir Sünder gnädig‘. Wer sich das in Demut eingesteht, verzichtet auf den Versuch, die Zukunft zu entschleiern, und er verzichtet auch darauf, über die Zukunft verfügen zu wollen. Er legt die Zukunft in Gottes Hände, und wenn er auch selbst die Hände nicht in den Schoß legt – nicht in den Schoß legen darf –, so empfängt er die Zukunft doch nicht aus seinen eigenen, sondern aus Gottes Händen, als eine je gegenwärtige Gabe.

Die Gegenwart

Auch unsere Gegenwart liegt in Gottes Händen. Aber ist, so hat man gefragt, die Gegenwart überhaupt eine Zeit? Der Kirchenvater Augustin, der sich immer wieder mit dem Rätsel der Zeit befasst hat, wies darauf hin, dass die Gegenwart ja nur der Übergang von der Zukunft zur Vergangenheit sei, ein flüchtiger Augenblick, ohne Anfang und Ende, ohne Ausdehnung. Und doch ist die Gegenwart, dieses Nichts an Zeit, die einzige Zeit, die wir wirklich haben. Gestern haben wir gelebt, morgen hoffen wir zu leben, aber heute leben wir. Andreas Gryphius hat diese Beobachtung in die Worte gefasst:

„Auf, Herz, wach und bedenke,
dass dieser Zeit Geschenke
den Augenblick nur dein.
Was du zuvor genossen,
ist als ein Strom verschossen,
was künftig, wessen wird es sein?"

Der Grieche hat die Un-Zeit des Augenblicks, die doch die einzige Zeit ist, in der wir leben, *Kairos* genannt. Es möchte sein, dass wir das Wesen von *Zeit* zwar nicht enträtseln, ihm aber näher kommen, wenn wir *Zeit* vor allem als *Kairos* verstehen, als die eigentliche Zeit, die Zeit zwischen den Zeiten, die Gegenwart zwischen Vergangenheit und Zukunft.

Der *Kairos* wird nicht von der Quantität der Zeit bestimmt, von ihrer Länge oder Kürze, sondern von ihrer Qualität. Der *Kairos* ist nicht messbar, aber man kann ihn verfehlen. Er ist flüchtig, aber er ist unmittelbar zur Ewigkeit. Der *Kairos* ist weder Zeitraum noch Zeitpunkt; er ist ‚Zeit für ...‘. In einer ‚klassischen‘ Weise wird er von Kohelet, dem ‚Prediger Salomo‘, vorgestellt:

„Ein jegliches hat seine Zeit, und alles Vornehmen unter dem Himmel hat seine Stunde. Geboren werden und sterben; pflanzen und ausrotten, was gepflanzt ist; würgen und heilen; brechen und bauen; weinen und lachen; klagen und tanzen; Steine zerstreuen und Steine sammeln; herzen und ferne sein von herzen; suchen und verlieren; behalten und wegwerfen; zerreißen und zunähen; schweigen und reden; lieben und hassen; Streit und Friede hat seine Zeit." (Pred 3)

Ein solcher qualitativer Zeitbegriff liegt auch dem Verständnis des christlichen Heilsgeschehens zugrunde. Das Christusereignis wird nicht als ein Zeitpunkt von vielen in der Kette der vergangenen Zeiten angesehen, der in der Erinnerung begegnet, sondern als letzte, ‚eschatologische‘ Zeit, die stets gegenwärtig bleibt und jeden einzelnen *Kairos* qualifiziert, ein unwiderrufliches ‚Heute‘. Im Rahmen eines in solcher Weise qualifizierten Verständnisses der jeweiligen Gegenwart sagt der Apostel Paulus: „Siehe, jetzt ist die willkommene

Zeit; siehe, jetzt ist der Tag des Heils" (2Kor 6,2); und: „Kaufet die *Zeit* aus" (Kol 4,5). Und der Verfasser des Hebräerbriefes schreibt: „Ermahnt euch selbst alle Tage, solange es ‚Heute' heißt" (Hebr 3,13).

In Zusammenhang mit solchem qualitativen Zeitverständnis steht auch ein Abschnitt aus *Blaise Pascals* philosophisch-theologischen Gedanken (Pensées, 172):

„Niemals halten wir uns an die Gegenwart. Wir nehmen die Zukunft vorweg, als käme sie zu langsam, als wollten wir ihren Gang beschleunigen. Oder wir erinnern uns der Vergangenheit, um sie aufzuhalten, da sie zu rasch entschwindet. Torheit, in den Zeiten umherzuirren, die nicht unsere sind, und die einzige zu vergessen, die uns gehört; und Eitelkeit, denen nachzusinnen, die nichts sind, und die einzige zu verlieren, die besteht, nämlich weil es die Gegenwart ist, die uns gewöhnlich verletzt. Wir verbergen sie vor uns, weil sie uns bekümmert; und wenn sie uns freundlich ist, bedauern wir, sie entschwinden zu sehen. Wir versuchen, sie für die Zukunft zu erhalten, und sind gesonnen, über Dinge, die nicht in unserer Macht sind, zu einem Zeitpunkt zu verfügen, von dem wir keine Gewähr haben, dass wir ihn erleben. Wer seine Gedanken prüft, wird sie alle mit der Vergangenheit und der Zukunft beschäftigt finden. Kaum denken wir je an die Gegenwart, und denken wir an sie, so nur, um hier das Licht anzuzünden, über das wir in der Zukunft verfügen wollen. Niemals ist die Gegenwart Ziel. So leben wir nie, sondern hoffen zu leben, und so ist es unvermeidlich, dass wir in der Bereitschaft, glücklich zu sein, es niemals sind."

Der *Kairos,* nicht die mathematisch berechenbare Zeit erscheint dem Mathematiker *Pascal* also als die eigentliche Zeit des Menschen und damit als die wahre Zeit. Diese Zeit meinen wir, wenn wir sagen: Ich habe Zeit für dich. Wir leben in der Regel länger als die Menschen früherer Zeiten, und wir dürfen uns der Länge unserer Tage freuen und dankbar sein, wenn wir alt und lebenssatt sterben. Aber das Leben ist mehr als die Summe unserer Tage und Jahre. Das Leben ist das heute gelebte Leben, und die Fülle des Lebens ist der Tag, von dem es heißt:

„Dies ist der Tag, den der Herr macht,
lasset uns freuen und fröhlich an ihm sein." (Ps 118,24)

Gestern haben wir gelebt, und morgen wollen wir leben.
Heute aber leben wir. Man darf Pascal nicht missverstehen.
Wer heute lebt, vergisst nicht, was gestern war; denn was wir
heute sind, sind wir gestern geworden, und was wir heute
leben, leben wir in Verantwortung für das Morgen. Aber
Erinnerung und Hoffnung haben nur dann Wert, wenn sie
das Heute reich machen und uns helfen zu leben. Heute
leben, heißt deshalb nicht, in den Tag hinein zu leben, sondern das Leben zu achten. Der Tag, den wir in Acht nehmen,
wird nicht vom Winde verweht und ist kein bloßer Übergang
vom Gestern zum Morgen, kein Ort nur für Erinnerung und
Erwartung. Ich zitiere noch einmal Andreas Gryphius:

> „Mein sind die Jahre nicht,
> die mir die Zeit genommen;
> mein sind die Jahre nicht,
> die etwa möchten kommen.
> Der Augenblick ist mein, und nehm ich den in Acht,
> so ist der mein, der Jahr und Ewigkeit gemacht."

Wir können uns die Gegenwart nicht aussuchen, aber wir
können jede Zeit auskaufen und brauchen keine zu fliehen.
Jeder unserer Tage ist unwiederholbar. Wie es einem Gedanken Augustins zufolge für Gott keinen Unterschied der Zeiten
gibt, weil alles für ihn Gegenwart ist, so ist jeder unserer
Augenblicke diesem *nunc aeternum* näher als eine unendliche
Zeit, was Angelus Silesius in die frommen Worte kleidete:

> „Die Zeit ist edeler als tausend Ewigkeiten;
> hier kann ich mich dem Herrn, dort nicht bereiten."

Ich lasse dahingestellt, ob Kurt Ihlenfeld Recht hat, der in seinem Berliner Tagebuch ‚Stadtmitte' geschrieben hat:

„Angst und Erinnerung nehmen den homo sapiens dieser zweiten Jahrhunderthälfte in die Zange. Ohne dass es für ihn ein Ausruhen In der Mitte – der Gegenwart – gäbe, wie es früher dem Frommen möglich war."

In jedem Fall gilt, dass wir uns der Vergangenheit erinnern und dass wir auf die Zukunft warten, dass die Zeit zwischen den Zeiten aber die einzige Zeit ist, in und mit der wir „etwas anfangen" können. Wenn wir diese unsere gegenwärtige Zeit in Gottes Hände legen, dann erfahren wir, dass jeder dieser Tage unmittelbar ist zur Ewigkeit. Die Zeit bleibt ein Rätsel. Noch niemand hat das, was uns und unsere Sinne so selbstverständlich umfasst, erklären können. Wie sollten wir dann erklären können, was nicht einmal unsere Sinne erfassen, nämlich das Jenseits, das Woher der Zeit, die Ewigkeit. Wer aber seine Zeiten in die Hände des ewigen Gottes legt und jedes Heute achtet, als sei es die einzige und die letzte Zeit, der erfährt in jeder Zeit zwischen den Zeiten den Abglanz der Ewigkeit, und der darf bitten:

„Ewigkeit,
in die Zeit
leuchte hell hinein,
das uns werde klein das Kleine
und das Große groß erscheine.
Selge Ewigkeit."

Peter Stuhlmacher

Die Geburt
des Immanuel

Die Weihnachtsgeschichten
aus dem Lukas-
und Matthäusevangelium

2005. 105 Seiten, kartoniert
ISBN 10: 3-525-53535-X
ISBN 13: 978-3-525-53535-6

Peter Stuhlmacher

Die Geburt des Immanuel

Die Weihnachtsgeschichten aus dem
Lukas- und Matthäusevangelium

Ist Weihnachten noch mehr als das Fest der Liebe, der Familie und des Kindes? Die exegetische Forschung erklärt die Geschichten von der Geburt Jesu gern zu Legenden, die den Stamm der Evangelientradition nachträglich ergänzen sollen. Aber die Geschichten sind mehr: Sie halten die Erinnerung der Urgemeinde an die Anfänge Jesu fest. Diese Gemeinde sah und bekannte in Jesu Geburt ein unvergleichliches messianisches Erfüllungsgeschehen: Mit der Menschwerdung des Sohnes Gottes gehen die dem Volk Israel seit Abraham immer neu zugesprochenen göttlichen Verheißungen in Erfüllung, und den Völkern der Welt strahlt das Licht der Erlösung auf. So ist nach Stuhlmacher der beste Weg, die Weihnachtsgeschichten zu verstehen, nicht ihre kritische Hinterfragung, sondern die Besinnung auf die urchristliche Heilserwartung.

Vandenhoeck & Ruprecht

Werner Milstein

Es ist ein Ros entsprungen

Adventsgottesdienste gestalten.
Christvesper, Christnacht und
ein Krippenspiel

Dienst am Wort, Band 105.
2005. 157 Seiten, kartoniert
ISBN 10: 3-525-59513-1
ISBN 13: 978-3-525-59513-8

Die Adventszeit bietet viele
Chancen, die Zeit der Vorbe-
reitung auf das Kommen Gottes zu gestalten. Sie ist nicht
nur Vorweihnachtszeit, sondern hat einen ganz eigenen
theologischen Charakter und
setzt mit ihren vier Sonnta-
gen besondere Akzente. Sorgfältig ausgewählte Texte, wie
zum Beispiel Meditationen,
Betrachtungen und Gebete,
unterstützen Pfarrerinnen
und Pfarrer sowie Gottes-
dienstkreise bei der Vorberei-
tung von Gottesdiensten und
Andachten.

Werkbuch zum Evangelischen Gesangbuch

Herausgegeben im Auftrag der EKD
von Wolfgang Fischer, Dorothea
Monninger, Reinhold Morath und
Rolf Schweizer

Lieferung I: Advent und Weihnachten

1993. 112 Seiten, Loseblatt-Ausgabe
ISBN 10: 3-525-50309-1
ISBN 13: 978-3-525-50309-6

Inhalt:
A. Grundfragen
Das Gesangbuch als Hausbuch:
Sprachschule des Glaubens /
Der Advents- und Weihnachts-
liederkreis im Evangelischen
Gesangbuch
B. Entwürfe für die Praxis
Liedeinführungen / Singgottes-
dienst / Liedpredigt / Entfalte-
tes Lied
C. Bausteine
Auswendig-Singsätze /Liedkan-
tate / Registersätze / Obligat-
sätze für Solostimme oder Chor
und Orgel / Junktim-Sätze /
Ritornelle
Literatur- und Mitarbeiter-
verzeichnis

Vandenhoeck & Ruprecht